L'AME DE PARIS

THÉODORE DE BANVILLE

— PETITES ÉTUDES —

L'AME DE PARIS

— NOUVEAUX SOUVENIRS —

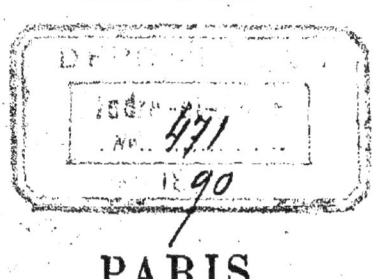

PARIS

G. CHARPENTIER ET Cⁱᵉ, ÉDITEURS

11, RUE DE GRENELLE, 11

1890

Il a été tiré de cet ouvrage vingt exemplaires numérotés sur papier de Hollande.

L'AME DE PARIS

I

LA VILLE

A Alphonse Daudet.

Quand, devenu pour l'éternité une figure de bronze ou de marbre, dressée sur son piédestal, au milieu d'une place publique, Balzac regardera son Paris, qui est notre Paris, il le verra tel qu'il l'a évoqué et glorifié, c'est-à-dire tel qu'il est.

Un des plus grands mérites du créateur de *La Comédie humaine* consiste en ceci, qu'il a compris mieux que personne au monde la façon d'être de Paris, absolument idéale et surnaturelle. En effet, cette Ville prodigieuse n'est nullement gouvernée par les lois physiques et matérielles qui régissent les autres cités. Aussi, les habitants de Melun ou de Longjumeau ne sauraient pas plus s'en faire une idée exacte, que ne le peuvent les Esquimaux ou les Cafres.

Le phénomène essentiel et permanent de Paris, c'est que l'idée s'y boit avec l'air qu'on respire. Là, ce n'est pas seulement les grands seigneurs qui savent tout sans avoir rien appris, c'est tous les êtres, et nuls d'entre eux ne sont ignorants, pas même ceux qui ont appris beaucoup de choses. Les âmes, les esprits se mêlent et se pénètrent, et tout le monde est au courant de tout. S'il plaît à Joseph Bertrand ou à Renan de causer mathématiques ou exégèse avec Gavroche qui passe, ils le trouveront parfaitement informé. Et supposez le même voyou rencontrant quelque élégante dame, traquée par un mari, par un amant jaloux, par d'ignobles Tricoches, et acculée comme une biche aux abois, elle n'aura qu'à lui jeter un clin d'œil, pas même! et pour la sauver, pour la tirer d'embarras, Gavroche aura bien vite trouvé une ruse de Scapin excessif ou de Mascarille supérieur. Après quoi, n'attendant et ne voulant aucun remerciment, sans orgueil et sans humilité, il s'en ira, s'il est en fonds, manger pour un sou de pommes de terre frites.

Quelle richesse, quelle volupté, quelle possession éphémère vaudrait la quantité incommensurable de génie qui se dépense chez nous à chaque minute? Assurément, aucune. Aussi les grands Parisiens n'ont rien, ne veulent rien et sont personnellement aussi désintéressés que des moines dans un couvent d'Asie. Ce qu'ils désirent et ce qu'ils obtiennent, c'est la gloire de constituer la cité qui sert d'exemple et de lumière au monde. C'est d'*être Paris*, et ils le sont. De Marsay et Rastignac ne s'amusent pas, et n'ont pas le temps de s'amuser. Ils tiennent seulement à être les entraîneurs et les dominateurs de l'esprit. Non seulement Gobseck, Werbrust, Palma et Gigonnet n'aiment rien de ce qui s'achète avec de l'or, et chacun d'eux pourrait vivre avec treize sous par jour, et là-dessus faire des économies; mais ils n'aiment pas l'Or lui-même, et chérissent uniquement le pouvoir illimité qu'il représente. Ce qu'ils se proposent tous, c'est comme Pisthétéros, à la fin de la comédie des *Oiseaux*, d'épouser la déesse Souveraineté. Et en dépit de la loi Naquet, une fois ce grand mariage accompli, il n'y a aucun danger qu'ils divorcent.

Tous, ils veulent bien mourir et même vivre pour leur pays, lui donner d'abord et toujours leur sang, puis aussi leur or, leur génie, leur esprit, leur inépuisable trésor d'invention; mais, contrairement à ce que se figurent certains habitants des pays reculés, ou même voisins, la Politique n'existe pas à Paris. Entre deux véritables Parisiens, jamais un mot ayant trait à la politique n'est prononcé; et quiconque enfreindrait cette règle élémentaire, dictée par la bonne éducation, aurait, par cela seul, proféré une grosse indécence.

Que l'écureuil fasse dix tours dans sa cage, ou n'en fasse que huit, qui de nous aurait l'extrême puérilité de s'en soucier? Et de quoi servirait l'agitation politique, dans un pays qui a su conquérir la vraie Égalité? Oui, ce trésor supérieur à tout, Paris l'a, le possède et le savoure. En effet, sans tromperie, sans hésitation, sans erreur possible, chacun y occupe la place qu'il mérite réellement, et que rien ne peut lui enlever. Les distinctions, les honneurs, la médiocrité ou la splendeur de la vie n'y font rien. Celui-ci est le grand savant, ou le grand artiste, ou le grand industriel; celui-là est l'homme vulgaire. Tout le monde le sait, personne n'en doute, et cela est aussi évident que s'ils avaient été marqués sur le front d'un signe indélébile. Tel personnage est vêtu de tous les habits brodés, membre de toutes les compagnies, vingt fois dignitaire, affreusement éclaboussé de plaques; tel autre, vêtu d'une vieille redingote, à la boutonnière de laquelle rien *ne saigne*, et couronné de ses cheveux blancs, habite au milieu des in-folio, dans une mansarde. Cependant, le héros, le demi-dieu, le créateur, c'est bien lui, et l'autre ne fait illusion à personne, ni à lui-même. Qui a distribué à chacun de ces hommes l'honneur ou le mépris auquel il a droit? C'est cette invisible et impeccable Justice qui règne à Paris sur les âmes de tous les hommes.

Et surtout, sur les âmes de toutes les femmes! Elles savent, et savent profondément que, chez elles, la splendeur du visage, les belles proportions des formes, la sincérité du regard, la rapidité de la pensée, la grâce de l'attitude désignent celles qui sont, dans la vraie acception du mot, les princesses du sang, et que les duchesses, dignes de ce nom, peuvent être nées sur le quai de la Râpée, aussi bien que dans les vieux hôtels historiques de la rue de Lille. Aurélien Scholl a raconté cette effrayante et poignante tragédie d'une grande dame, belle (parce qu'elle veut l'être), élégante, courtisée, entourée d'hommages, qui, un beau jour, veut savoir ce qu'elle vaut, au fait et au prendre. Pour mener à fin cette expérience, elle va s'asseoir au milieu des filles, dans le salon banal d'une *maison de fleurs*, et cette femme, qui voyait à ses pieds des mondes, des millions, les vastes campagnes, tous les trésors du Bengale et d'Ophir, ne trouve là aucun homme qui, pour l'acheter, offre une vile pièce d'or.

Cette histoire terrible, toutes les femmes de Paris, la savent; elles l'ont toutes lue. Et celles qui ne l'ont pas lue l'ont devinée. Aussi chacune d'elles, par intuition, par un miracle de conscience, sait-elle au juste ce qu'elle vaut et ce que valent les autres femmes. Là-dessus pas d'illusion et pas de tromperie possible, et l'éblouissement d'une robe de Worth, agrémentée de plus d'ors, de broderies, de falbalas et de fanfreluches que le ciel n'a d'étoiles, ne suffit pas à faire croire qu'il y a une femme dedans, s'il n'y en a pas. De plus même, une future princesse de Cadignan peut être peignée avec un clou, empaquetée dans des haillons et chaussée d'ignobles savates, toutes les femmes verront sur son dos les triomphales robes auxquelles elle a virtuellement droit.

Car rien ne peut empêcher une femme véritablement aristocrate de monter un jour à son véritable rang, et rien aussi ne peut l'en faire déchoir. Il y a dans l'air de Paris une ambroisie, qui rend à leur splendeur native les déesses, même travesties en balayeuses, et mystérieusement les débarbouille de toutes les souillures. C'est pourquoi les tristes filles de douleur et de joie n'y sont ni réhabilitées ni méprisées. On n'exalte ni leurs passions ni leurs vices; on admire même en elles ce que rien ne peut souiller ni détruire, et on estime que si, comme cela est évident, la beauté vaut moins que la vertu, ces deux qualités, également d'essence divine, sont aussi rares l'une que l'autre.

Il y a eu les feux allumés sur les collines de l'Ida, du promontoire d'Hermès et de Lemnos à l'Athos, pour annoncer la chute de Troie. Il y a eu les voix et les signaux sur la mer. Il y a eu les télégraphes perchés sur les tours, qui, désespérément, haussaient et baissaient leurs grands bras absurdes, bientôt mangés et dévorés par le brouillard. Il y a maintenant le fil électrique sous la mer, qui a porté à New-York pour les journaux de ce matin de longs feuilletons écrits sur la pièce représentée devant nous hier soir. Pour que les Parisiens puissent communiquer entre eux, ces engins grossiers et matériels sont inutiles; car, ainsi que je l'ai dit, la Pensée, dans leur Ville se transmet par sa propre force, et sans aucun intermédiaire. Si un habitant de Montrouge a murmuré un mot à demi-voix, deux secondes après, tous les naturels de Montmartre le savent. Ainsi, même et surtout lorsqu'il n'y a pas assisté, n'importe quel Parisien a vu toutes les solennités, toutes les batailles, toutes les réjouissances, tous les bals officiels, toutes les comédies ; de sorte qu'il n'y a aucune différence entre ceux qui étaient présents et ceux qui étaient absents, si ce n'est que ceux qui étaient absents étaient un peu plus présents que les autres.

Et pour prouver l'existence de ce phénomène, on pourrait citer mille exemples ! Ruiné, épuisé et à demi tué par les excès de travail, un très habile écrivain que ses amis nomment familièrement Edgar, était allé faire un long séjour à la Bordighera, dans le but de prendre un grand bain de soleil et de recouvrer la santé, s'il était possible. Cette cure réussit au delà de ses vœux. Après quelques mois passés dans la chaleur et dans la lumière, il se portait presque bien, et il n'avait plus qu'à se laisser vivre ; mais, tout à coup, il fut pris, dompté, pincé au cœur par la nostalgie parisienne.

— C'est plus fort que moi, dit-il à un ami de jeunesse qu'il avait rencontré là-bas. J'ai besoin de me retremper, de raviver mon âme, de me retrouver, de me reprendre dans le divin tumulte parisien. Je veux voir toutes les fêtes, tous les bals, toutes les réunions, assister à toutes les premières représentations, lire les livres nouveaux avant qu'ils n'aient paru, parcourir les journaux encore humides de la presse, admirer au Bois, dans leurs voitures et sur leurs chevaux ardents, les reines, les duchesses et les femmes le plus récemment inventées.

Edgar partit comme il l'avait dit, retrouva au

faubourg Saint-Germain son appartement donnant sur les grands jardins, ses beaux coussins de soie, ses tapis, ses livres, tout ce joli séjour qu'il avait créé amoureusement et, avec raison, il le trouva si délicieux, qu'il n'en sortit pas. Et cependant, dès qu'il fut revenu à la Bordighera, quand son ami lui demanda s'il avait vu tout ce qu'il voulait voir. — Ah ! certes, dit-il ; et, avec une éloquence convaincue, il lui raconta les réunions, les comédies, la beauté des femmes, la transfiguration des paysages parisiens, très exactement et sans mentir, sans se tromper d'une syllabe, car tout cela il l'avait vu, en effet, par cela seul qu'il était à Paris. Et ce magnétisme de l'atmosphère ne sert pas seulement à voir et à entendre tout sans le secours des sens matériels, il donne aussi aux Parisiens, d'une manière idéale et en même temps réelle, les choses, les êtres, les trésors et toutes les jouissances de la possession.

A l'époque où, avec le secours de la mode, une tragédienne à demi célèbre balança presque pour un moment la gloire de Rachel, un vieux lascar, fameux par son dandysme, par son esprit et par ses audaces, parlait de cette femme aujourd'hui oubliée, dans une réunion où il y avait une douzaine d'hommes, et où les mots un peu vifs se noyaient dans un nuage de fumée. Il vantait même son charme et sa grâce, avec un peu plus de détails que la discrétion ne le permet.

— Au fait, dit-il enfin, comme ayant été près

de se raviser, je puis dire cela entre nous, car je crois qu'elle nous a tous distingués un moment, dans une certaine mesure.

— Excepté moi, murmura timidement un très jeune homme qui se trouvait là et qui, en murmurant ces mots, devint rouge comme une rose d'été.

— Qu'en savez-vous ? dit le vieux Parisien.

Et il n'avait pas tort de parler ainsi ; car dans cette Ville, où tout le monde vit dans une parfaite communion de souvenirs, de désirs, d'aspirations et de pensées, on ne sait jamais comment les choses se sont passées, et tout cela est très mystérieux.

Une autre fois, à un dîner chez quelque Torpille ou chez quelque Suzanne du Val-Noble, on parlait de l'amour, de ses désespoirs, de ses délices et de ses délires.

— Ah ! dit la superbe Tullia à un jeune homme placé non loin d'elle, nous savons cela, Henri, nous qui nous sommes aimés !

— Oh ! oui, dit le jeune homme avec conviction.

En réalité, ils ne s'étaient jamais aimés, dans le sens qu'on attache vulgairement à ce mot ; mais, puisqu'ils se souvenaient de s'être aimés, c'était tout comme, et c'est pourquoi la vie de Paris contient pour chacun des milliers d'éternités — et l'immensité vertigineuse du Rêve.

II

DEBURAU

ET LES FUNAMBULES

A Jules Claretie.

Depuis de si longues années que le mime Deburau est mort et que le théâtre des Funambules a été détruit par la pioche impérieuse de monsieur Haussmann, Paris, si profond, exquis et subtil en son instinct impeccable de l'art, n'a cessé de regretter Deburau et les Funambules. Il les regrette aujourd'hui de confiance, et purement en vertu d'une transmission atavique. En effet, ils sont devenus extrêmement peu nombreux, les contemporains qui ont vu de leurs yeux le spectacle idéal par excellence. Cependant, quoiqu'ils aient seulement connu les mimes anglais spirituels et sinistres, les Hanlon-Lees en proie à leur poétique délire, et l'épilepsie des funèbres Zig-Zags, les jeunes gens de ce temps aiment, sans les avoir connus, le grand mime de ce siècle et la pantomime française.

Bien plus, plusieurs d'entre eux ont eu l'idée de ressusciter le spectacle aboli et à ce sujet sont venus me consulter, en tant que vieillard ayant été, à l'ancien boulevard du Temple, un spectateur assidu de l'ancien petit théâtre à quatre sous. Hier encore, un spéculateur ingénu me demandait s'il ne serait pas possible de retrouver un Deburau, et de faire renaître de ses cendres le spectacle des Funambules. J'écris ici pour nos lecteurs la réponse un peu développée que je dus lui faire, pensant qu'elle ne sera pas inutile à d'autres qu'à lui, et qu'elle en finira peut-être avec les persistantes illusions d'un rêve dont la réalisation doit rester à l'état de chimère.

Comme cela n'est pas douteux, le grand Statuaire qui modela le premier Deburau pourrait, s'il le voulait, en modeler un autre exactement pareil, de même qu'il pourrait refaire, à son gré, un nouveau Shakspeare ou un nouveau La Fontaine. Mais le Fabricant des génies les fabrique où, quand et comme il lui plaît, et en aucune façon ne consulte nos désirs ou nos caprices. Nous aurions donc un Deburau, s'il lui plaisait de nous le donner ; mais quant au spectacle des Funambules, tel qu'il fut et se comporta, il est impossible même d'imaginer des circonstances qui pourraient nous le rendre, et cela, pour des causes purement matérielles, pécuniaires et économiques, c'est-à-dire absolues. Car, nul ne l'ignore, l'Argent est plus fort que les Dieux, et si les Rothschild ne le voulaient pas, il est fort douteux que l'Olympe osât subsister, même dans les poèmes d'Homère et d'Eschyle. Mais à l'appui de ma thèse, je vais essayer de dire, aussi nettement et brièvement que possible, ce que fut le mime, ce que fut le spectacle.

Le nom de Deburau est resté lumineux et flamboyant dans l'esprit des hommes; mais ce que fut en effet l'être prodigieux qui porta ce nom, les vieillards ne le savent plus guère, et les jeunes gens de ce temps ne l'ont jamais su. Un écrivain habile, ingénieux, savant, intuitif, qui jamais ne se trompe sur les choses qu'il a pu voir ou étudier, mon excellent ami Paul Ginisty disait dernièrement, à propos d'un livre nouveau : Deburau avait été le Pierrot shakspearien et romantique; Paul Legrand fut un Pierrot d'une gaieté plus ingénue ; lui aussi, cependant, s'il l'eût voulu, il aurait pu être tragique, par moment.

Hélas! mon cher Paul, autant de mots, autant d'erreurs. Mais, en cette affaire, vous êtes aussi innocent que l'Agneau de la fable. Certes, vous n'avez pas *de visu* collectionné des documents sur l'illustre mime d'autrefois; mais vous avez le droit de me dire avec un légitime orgueil :

Comment l'aurais-je fait si je n'étais pas né ?

Ni par moment, ni avec suite, ni jamais et en aucune façon, Deburau ne voulut être tragique, et c'est précisément ce qui fait sa gloire. Quant à shakspearien et romantique, il ne le fut pas; ne voulut pas l'être, et il fut précisément tout le contraire. En revanche, il se montrait ingénu autant que le Peuple, autant que l'enfant, autant que l'oiseau dans l'air et la gazelle dans les bois. Précisément, ce qui caractérise Deburau c'est d'avoir, en amalgamant des éléments connus, puissamment renouvelés et augmentés par son génie, créé un art profondément français, aussi français qu'une page de Molière ou de La Fontaine. Le type entièrement nouveau, dont il fut le créateur et le comédien, était *classique* dans le sens le plus noble et le plus élevé de ce mot, c'est-à-dire fait de proportions, de tact, de mesure, et souvent d'abstention. Tragique, certes, Deburau aurait pu l'être, comme il pouvait tout; mais il s'en gardait comme de la gale et de la peste. Lorsque, dans sa comédie, se présentait, inévitable, un mouvement dramatique, le grand mime, d'un trait cursif, l'indiquait rapidement, sans peser, sans rester; puis tout de suite, rompant les chiens, il revenait à son personnage comique, et alors son fin sourire, son spirituel regard semblaient dire, ou plutôt, disaient : Voilà comme je pourrais être tragique, si l'envie m'en prenait; mais pas si bête !

Le personnage physique de Pierrot tel que le conçut, le costuma et le montra Deburau, était si heureusement inventé et renouvelé, qu'il sembla nouveau de toutes pièces. Sa première collaboratrice fut la Nature, qui l'avait fait merveilleusement beau, avec les traits les plus purs, les plus fins, les plus spirituels, antiques par leurs proportions admirables, plus modernes que tout par la vive flamme et par l'intelligence rapide qui les éclairaient. Car ses effets comiques ne furent jamais dus à la méprisable exploitation d'une infirmité ; il aurait suffi de lui mettre sur la tête une toque à la plume envolée pour qu'il fût Hamlet ou Roméo, et il savait faire rire jusqu'aux larmes, sans exciter la pitié. Il avait aussi la haute taille, la démarche élégante et svelte, et la plus gracieuse agilité ; mais il se gardait bien d'être jamais un clown. C'étaient ses yeux vifs, pensifs, turbulents, rapides comme des oiseaux, qui se chargeaient d'être des clowns pour lui, et il leur faisait et leur laissait tout faire.

Deburau vêtit Pierrot d'un costume extrêmement large, flottant, aux très lourds plis droits, tombant avec une rigidité magnifique, mélange du Pulcinella napolitain et du Pierrot des anciennes parades, magistralement résumé par Wateau. Telle fut l'exquise eurhythmie de ce vêtement que, pour modeler une statue d'une pureté idéale, il eût suffi de copier, avec une exactitude photographique, Deburau costumé en Pierrot. Oui, il était beau, il savait et voulait être beau, en utilisant et perfectionnant les dons qu'il avait reçus de la nature, et c'est ce qui prouve son profond bon sens. En effet, s'il était fier, caressant et gourmand comme un chat, rieur, espiègle et versatile comme un enfant, onduleux comme une femme, à la fois paresseux et infatigable, extraordinairement bon et ingénieux, et cependant crédule malgré sa fine malice, c'est que l'ambition de Deburau était de concevoir et aussi de réaliser un personnage qui fût : le Peuple. Or, le vrai Peuple, qu'il adorait et dont il était adoré, aimait à se retrouver en lui, avec ses instincts, ses ruses, ses sentiments ingénus, ses généreuses faiblesses ; mais en même temps, il était heureux d'être représenté par un être bien construit, extrêmement beau, paré d'un vêtement sans tache, comme la neige des lys, sentiment qui explique, dans le passé, la possibilité des monarchies et des aristocraties ! Car du temps où les rois et les seigneurs se promenaient dans les rues avec leur superbe appareil, le Peuple se résignait à sa misère et à ses haillons, en se voyant, par procuration du moins, avec la pourpre au dos et la couronne d'or au front.

C'est par une raison analogue, parce qu'il incarnait et représentait le Peuple, que Deburau, gardant son rôle modeste et l'agrandissant seulement à force de génie, resta un personnage épisodique et ne voulut jamais tenir la place du héros de la comédie qu'il jouait. Il savait trop bien que le Peuple, précisément parce qu'il est tout, n'est rien ; que si le four chauffe, ce ne sera pas pour lui, et que si la poule est mise dans un pot quelconque, ce ne sera pas dans son pot à lui. Aussi comprenait-on le dandysme, la sceptique ironie, le détachement profond avec lequel Pierrot accompagnait *les poursuivants* dans leur inutile course à travers les villes, les forêts et les paysages, qui ne devait s'arrêter jamais.

Certes, il éprouvait une sorte de joie plastique et décorative, lorsque, pour la réfection des voyageurs lassés, un repas servi à point sortait d'un pan de muraille ou d'un tronc d'arbre; mais le pâle vagabond savait deux choses : d'abord que ce festin, figuré par la peinture et, pour les besoins du *truc*, collé sur une planchette de fer, n'était nullement comestible ; ensuite que, s'il l'eût été, Cassandre et Léandre l'eussent dévoré jusqu'à la dernière miette, sans lui laisser autre chose que la fumée pour s'en repaître, et les yeux pour pleurer. Aussi se résignait-il, ne pouvant faire mieux, à accomplir par avance les prouesses de Succi; mais la liqueur secrète qui l'aidait à en venir à bout, c'est la bouteille de bon vin pourpré qu'il *empruntait* (pour ne pas dire de gros mot) et qu'il buvait à la régalade, comme un bon humeur de piot et amateur de purée septembrale.

Éclectique et flâneur par tempérament, et, comme le chat, n'ayant d'autre souci que de rester propre, net, sans tache, immaculé comme la neige des cimes, il aidait à poursuivre Arlequin et Colombine, envolés à travers les forêts sonores ou les champs d'épis mûrs. Il aidait à les poursuivre, d'abord parce que, réduit en esclavage, comme Hercule par Eurysthée, il y était contraint par le sort jaloux; mais aussi, pour rien, pour le plaisir, parce qu'il vaut autant faire cela qu'autre chose, et parce qu'en somme cela vaut mieux que de parler politique ou de faire de la copie. Mais en aucune façon, il ne se souciait de rattraper les amants ou de ne pas les rattraper.

Il courait après eux en bayant aux corneilles, en chassant aux mouches, comme une héroïne de tragédie, et en dévorant des pâtés trouvés par hasard dans la forêt, comme les sonnets d'Orlando à Rosalinde. Si, par accident, il frôlait l'insaisissable Colombine, volontiers il plantait un bon baiser sur son épaule nue, afin de se réjouir personnellement. Mais quant à être pour son compte amoureux de cette fille aux bas roses, il s'en fût bien gardé. Il connaissait et surtout devinait trop bien la vie, pour vouloir y jouer les amoureux ou les premiers rôles, sachant combien ces héros à panache sont nécessairement grotesques et infestés par le style pendule. Il entendait rester dans les vagues lointains, qui seuls permettent le caprice et la libre fantaisie.

Les seuls moments où, par la force des choses, son personnage venait au premier plan, c'étaient ceux où la Fée à la baguette d'argent, voltigeant sur la tige des fleurs, apparaissait et, au milieu des acteurs muets, parlait en vers lyriques. Ces vers, c'était pour Pierrot seul qu'elle les disait et qu'elle en avait serti les rimes amoureuses; car est-il nécessaire de parler le langage céleste pour le bourgeois Cassandre, pour son gendre imbécile, et pour les deux amants inaptes à comprendre autre chose que le désir fou des baisers ?

Pierrot servait son maître avec un fidèle respect, mêlé du mépris le plus absolu. Peigner la perruque de Cassandre, brosser son chapeau avec tendresse, lui rouler vingt fois autour du cou son interminable cravate, lustrer, bichonner, parer ce ridicule vieillard, et le rendre aussi propre et reluisant qu'un sou d'or, tels étaient les soins que Pierrot prenait en serviteur zélé. Mais lorsque Cassandre, ainsi adonisé, passait, en sortant, le seuil de la porte, il ne dédaignait nullement de compléter ces amabilités par un énorme coup de pied au cul. Manque de logique apparent, mais seulement apparent, car les mouvements insurrectionnels ne sont-ils pas le contrepoids nécessaire et indispensable de l'autorité?

LE THÉÂTRE IDÉAL

Pour créer un Théâtre consacré à la Poésie et à l'Idéal, un Théâtre où puissent être représentées, dans leur véritable esprit, la tragédie de Racine, la comédie de Shakspere et celle de Marivaux, et la pantomime, qui contient toutes les fantaisies et le rêve immortel de Wateau, il faudrait réunir un grand nombre de conditions, dont pas une n'est possible à réaliser.

Le Théâtre Idéal, qui doit avoir à la disposition du poète tous les palais, toutes les villes, toutes les forêts, tous les paysages, et qui doit changer de lieu aussi vite que la pensée, sans imposer à notre attention l'abominable refroidissement des entr'actes; ce Théâtre, qui doit pouvoir dérouler sans interruption au moins douze changements à vue, est obligé d'être machiné à trois dessous, comme l'Opéra. Aussi ne peut-il être situé ailleurs qu'à un rez-de-chaussée, première condition impossible, dans un temps où la cherté des terrains force les architectes à bâtir les théâtres au-dessus de trois étages de restaurants et de cafés.

Le Théâtre Idéal doit être extrêmement petit, et tenir dans la main. Est-il besoin d'en donner la raison? Dans un seul couplet d'une tragédie de Racine, il y a un grand nombre de nuances, de raffinements, d'effets de sonorité qui, si on voulait les traduire, disparaîtraient complètement et deviendraient un chaos confus et inutilement subtilisé, dans une salle grande comme celle de la Comédie-Française. On est donc forcé de faire un travail de synthèse, de rassembler tous ces effets en un seul qui soit net et frappant, un peu gros, et ainsi le comédien donne au spectateur, au lieu de l'âme racinienne elle-même, une tirade arrangée d'après celle de Racine. Et ceci est également vrai pour Shakspeare, pour Marivaux, pour Alfred de Musset pour tous les poètes qu'on voudrait interpréter sans les trahir. Et, combien plus encore pour la Pantomime, qui vit de nuances infiniment plus ténues et subtiles que celles de la Tragédie et de la Comédie! Car, dans cet art éloquent et muet, un clin d'œil, le jeu imperceptible d'un muscle de la face, un vague sourire à peine ébauché, contiennent des mondes de pensées; et comment voir ces choses infiniment petites, si on est à deux lieues de l'acteur?

Le Théâtre est donc tout petit. Cependant, il est tenu à payer d'innombrables décors, des costumes pompeux, amusants et brillants, des machines et leurs machinistes, des accessoires dont la liste ne finit pas ; car la Pantomime, qui n'a pas le don de la description, et qui ne peut ni ne veut l'avoir, n'a pas d'autre ressource que de nous montrer matériellement tous les objets dont elle parle : les sceptres des rois, les glaives des héros, les faucilles des moissonneurs, les cruches et les coupes du festin, il faut qu'elle les mette sous nos yeux dans leur réalité; comme les Cieux, les Avalons, les Florides, les Enfers, les cavernes d'or, les grottes de pierreries, et tous les enchantements du monde surnaturel, les Gnomes, les Génies, les Fées envolées et dansantes sur les cimes des fleurs.

Or, avec quelle liste civile, avec quel argent le Théâtre Idéal pourra-t-il payer tout cela ?

Aura-t-il du moins la ressource, sa salle étant si exiguë, de faire payer ses places très cher, afin d'arriver à une moyenne de recettes qui représente un honorable petit capital ? Non, il n'aura nullement cette ressource : car *si les places y coûtent plus de quatre sous*, le Théâtre Idéal n'existe plus. En effet, pour comprendre intimement, profondément et de prime saut la pensée du poète, il faut, ou des délicats et des poètes (quantité toujours négligeable au théâtre) ou le Peuple, qui seul est assez sincère, assez imaginatif, assez dénué d'idées fausses, contractées dans les études incomplètes et dans les fréquentations bourgeoises, en un mot assez ingénu, pour s'élever à la conception d'une féerie de

Shakspeare ou d'une fable de La Fontaine.

Il est donc entendu que le Théâtre Idéal, astreint à dépenser de grosses sommes, et cependant ne rapportant rien, n'ayant pas d'ailleurs la ressource d'être subventionné, car nul gouvernement ne subventionne la Poésie et la Fantaisie, il est entendu que ce Théâtre mangera la fumée, se désaltérera dans un verre vide, vivra de rien du tout, et possédera, pour unique propriété, le manque d'argent.

Eh bien ! pour le plaisir, par jeu, pour la facilité des relations, je suppose un instant que le Théâtre puisse subsister de ce néant, se nourrir de ce festin absent, et capitaliser ce manque de tout, pour jouer la pantomime, il lui faudrait encore un poète digne d'écrire des pantomimes !

Mais où se cache ce héros, ce dieu bleu, ce merle blanc ? S'il existait, ne faudrait-il pas faire pour lui ce que Napoléon regrettait de n'avoir pas fait pour Corneille, le nommer premier ministre, et lui confier la direction des affaires de la République ? Car ne devrait-il pas savoir à fond la haine, l'ambition, l'amour, tous les ressorts qui font mouvoir l'âme humaine, et en outre, ne devrait-il pas avoir reçu le don d'en exprimer les effets par des images vives et sensibles ? Naturellement, il devrait être naïf, et en même temps il devrait savoir par cœur toutes les chevaleries, toutes les épopées, tous les poèmes, toutes les mythologies ; il devrait connaître familièrement tous les Dieux *et y croire*, et avoir assisté à toutes les métamorphoses de Bouddha et d'Indra ; il serait indispensable qu'il eût été présent, lorsque Athéné empoigna et tira Achille par sa longue chevelure.

Mais je ne suis pas regardant, et je veux faire la part belle aux utopistes. Je suppose que le Théâtre Idéal existe, qu'il vive, et qu'il ait trouvé son poète, penseur comme Shakspeare, gai comme Regnard, agile comme Beaumarchais et amusant comme Tabarin. Dans quel endroit serait-il placé ce Théâtre, au milieu de quel Eden, dans quel jardin enchanté qui y mènerait comme le parc de Versailles mène au château de Louis XIV ? Car, supposer un désaccord complet entre la demeure de Titania et le paysage qui l'entoure, ne serait-ce pas formuler une idée absurde ? Serait-il possible de se voir dans une rue banale, d'y côtoyer le charcutier, le lampiste, le débit de tabac, et de se dire : une porte plus loin, au numéro 27, c'est le paradis des enchantements et des merveilles ? Est-ce qu'on y croirait, à cette féerie, dans laquelle on entrerait tout de go, sans préparation, comme dans un moulin, et au contraire, n'est-il pas indispensable qu'on y arrive en traversant un endroit déjà fabuleux, enivrant et féerique ?

On le voit, et je le répète, les conditions nécessaires pour la création du cher Théâtre Idéal sont toutes, sans exception, irréalisables. Cependant le Théâtre Idéal a existé, et toutes ces conditions ont été réalisées à l'ancien Théâtre, ou, pour mieux dire : Spectacle des Funambules.

Il était situé sur le boulevard du Temple, éclatant de foule, de flambeaux, d'éblouissements, de lumières, de femmes, où tout le Paris de Balzac ivre d'amour, de folie, de volupté, d'esprit, de joie, tourbillonnait et se précipitait, comme vers le seul endroit où il faisait clair, ainsi que les papillons volent à la chandelle. Au delà du terreplein, toujours inondé de monde, où les marchandes d'oranges, éclairées par les chandelles entourées de papier, apparaissaient avec des rougeurs de pourpre et d'aurore, tous les théâtres populaires, placés à côté les uns des autres, et par les vitres de leurs foyers montrant des tas de lumière et de flammes, avaient l'air d'une cité faite de palais, dans lesquels sont données des fêtes royales. Elles étaient royales, en effet, ces fêtes du peuple parisien s'amusant, pleurant, sanglotant, songeant que, dans la maison voisine et dans les autres aussi, on s'amusait de même tout le long de ce flamboyant boulevard, entièrement affranchi et délivré de la vie réelle. Toutefois, pour venir à la Gaîté, aux Folies-Dramatiques, au Théâtre du Cirque, les ouvriers, les gens du peuple se lavaient, se peignaient, mettaient leurs redingotes, et se faisaient beaux. Au contraire, aux Funambules, ils dédaignaient d'être beaux et savouraient la volupté, l'immense joie de rester eux-mêmes.

Là, les travailleurs, et aussi les gamins, les voyous, les titis venaient comme ils étaient, avec des loques, des tricots sales, des mains non lavées, des pieds sales, sans chaussettes. Ils mangeaient des cervelas, des pommes, du pain, ce qu'ils avaient, tandis que, devant leurs yeux enchantés, se déroulait la plus belle des féeries, où les Fées emportaient, à travers la lumineuse forêt et les îles d'amour, Arlequin en habit d'arc-en-ciel et Colombine aux pieds légers. Et comme il s'y était engagé, le Théâtre montrait à ces titis, non pas à peu près, mais dans leur réalité absolue, les palais de rubis et de lapis, les cieux de turquoise, les cascades laissant ruisseler des flots de diamants, dans un ravissement de perles et d'opales et de métaux en fusion.

Oui, tout cela, les titis le voyaient de leurs yeux, tandis que les six musiciens, sur leurs instruments à cordes, jouaient des airs de Gluck. Ils le voyaient, et cela par une excellente raison : c'est que l'illusion est toujours en nous, et jamais en dehors de nous. Aussi l'illusion n'était-elle nullement troublée lorsque, sortant de la coulisse trop petite, un machiniste entrait résolument en scène pour aider à changer le décor, montrant ses mains sales et noires et, à travers la grosse chemise ouverte, sa poitrine velue. Les spectateurs ne le voyaient pas, parce qu'ils n'avaient nul désir de le voir, étant occupés de plus hautes pensées. Au contraire, à l'Opéra, par exemple, on a beau entasser toutes les merveilles visibles et tangibles, nulle illusion ne peut se produire, parce que les spectateurs riches, frivoles et dénués d'instinct poétique n'y possèdent pas la faculté de voir des étoiles en plein midi. A peine s'ils sauraient en voir dans l'azur du ciel nocturne réellement éclaboussé de constellations et d'astres.

Mais, aux Funambules, il se produisait un miracle encore bien plus étonnant : lorsqu'un poète, un délicat, un seigneur, une grande dame, entraient aux avant-scènes, n'ayant pas payé moins d'un franc vingt-cinq, ils étaient immédiatement envahis par la contagion de la crédulité, de l'innocence, de la foi poétique ; transfigurés du tout au tout, ces passants, mêlés au public du théâtre à quatre sous, pensaient et voyaient comme lui ; eux aussi, voyaient, vrais et réels, les fleuves d'or et les palais de pierreries, aux plafonds de cristal de roche ; tous leurs sens étaient changés, remaniés, pervertis comme il le fallait. Ainsi, il faut bien en faire l'aveu, jamais balayée et impossible à balayer, jonchée d'écorces, de peaux, de pelures, de choses innomables, habitée par des titis jamais lavés, souillés de crasse, de poussière, de limaille de fer, la salle des Funambules puait horriblement ; elle puait comme un charnier, comme un marais fétide, et de façon à soulever le cœur le plus robuste ; eh bien ! une fois entrée là, l'élégante et fière petite maîtresse, aux narines les plus susceptibles, supportait ces affreuses odeurs, aussi allègrement qu'elle eût respiré les jasmins d'Ispahan et les roses de Jérusalem ; entrée en communion parfaite avec le peuple fou de joie, elle ne pouvait être affectée de ce qui ne l'affectait pas, car l'éclosion du miracle est aussi naturelle que la pourpre de l'aurore et que le rougissement des roses.

Cependant, tous les deux muets, attentifs, se comprenant toujours, sentant, rêvant, s'émouvant ensemble, Pierrot et le Peuple, unis comme deux âmes jumelles, mêlaient leurs idées, leurs espoirs, leurs railleries, leur gaieté idéale et subtile, comme deux Lyres jouant à l'unisson, ou comme deux Rimes savourant le délice d'être des sons pareils et d'exhaler une même voix, mélodieuse et sonore.

BUDGET

Voilà, dit Valère, à la scène première du troisième acte de *L'Avare,* voilà une belle merveille de faire bonne chère avec bien de l'argent! C'est une chose la plus aisée du monde, et il n'y a si pauvre esprit qui n'en fît autant; mais pour agir en habile homme, il faut parler de faire bonne chère avec peu d'argent. — A ces mots si prodigieux, maître Jacques grogne d'abord; mais je suis persuadé que, stimulé ainsi, forcé de se colleter avec l'impossible et de le dompter, il arrive à accommoder des plats délicieux avec des condiments tirés de son âme et à utiliser savamment les moindres rognures de ses viandes pour en confectionner des jus plus savoureux que l'ambroisie. Le plus grand des artistes fut assurément ce cuisinier de navire qui, manquant de toute chair à habiller, fit, au moyen d'une sauce douce, terrible et charmante, manger la culotte du capitaine !

Faire manger la culotte du capitaine, tel est le problème qui s'impose toujours à l'homme créateur, et tel est celui que réalisait à chaque minute le théâtre des Funambules. Admirable raison pour réussir ce qui ne peut être fait; ce spectacle naquit et vécut et mourut sans avoir eu de l'argent, sachant qu'il n'en devait jamais posséder, et ayant contracté l'obligation étroite de tout faire sans argent, de remplacer ce stupide ressort par le perpétuel miracle de l'invention et du génie. A l'époque où fut construite la petite salle microscopique, bâtie de boue et de crachat, mais avec une scène machinée à trois dessous, comme celle de l'Opéra, le boulevard du Temple, où brillait et chantait une foire perpétuelle, était encore le domaine des charlatans et des Bobêches, et le terrain, pour ainsi dire, n'y coûtait rien. A cet heureux théâtre, les innombrables décors étaient peints par des Italiens qui, dressés dans leur pays à travailler pour des sous, gardaient ici la même habitude, et n'avaient nullement l'idée que les décors devaient être payés cher. Quant aux comédiens, c'étaient des gens de métiers, qui vivaient de l'état de serrurier, ou de l'état de cartonnier, ou d'un autre, et ne croyaient pas que l'art dût nourrir personne.

Restait à se procurer les poèmes, les *trucs*, les accessoires, les costumes. Eh bien ! il fallait que tout cela fût obtenu avec rien, avec n'importe quoi, avec ce qu'on avait sous la main et sans nulle intervention du méprisable adjuvant nommé : argent monnoyé. Avec son scenario, l'auteur apportait lui-même, exécutés de ses propres mains, en cartonnages, les modèles des *trucs* nécessaires à sa féerie. Un *truc* est, on le sait, un objet qui, par le déplacement de ses plans et de ses diverses parties, opéré au moyen de ficelles ou de tout autre procédé très simple, arrive à se muer et transfigurer pour l'œil du spectateur en un autre objet, distinct et différent de ce qu'il était d'abord. Le *truc* imaginé, il s'agissait de l'exécuter ; avec quoi ? Avec rien : avec des bouts de planches, avec les premières épaves venues. De même pour les accessoires, sceptres, glaives, coupes, animaux, poissons, instruments de musique, faucilles, noces et festins, auxquels devaient suffire des manches à balais, de vagues morceaux de fer, du papier doré, des paillons et de la verroterie.

Quant aux costumes, nécessairement pompeux, éclatants, splendides, à la fois charmants et superbes, puisqu'ils avaient mission de revêtir les hommes, les rois, les fées, les génies, les bouffons et les Dieux, on était tenu de les fabriquer avec des haillons, avec des lambeaux, avec des loques, avec les plus misérables étoffes ; aussi étaient-ils éblouissants de vérité et de richesse ; car, n'ayant pas la ressource d'employer la matière réelle (de prendre du satin pour représenter le satin, moyen si déplorablement misérable et initial,) il fallait y suppléer par la couleur, par la justesse du ton qui accomplit tous les miracles. On peut mesurer la puissance de cette magie en regardant les décorations archaïques et primitives, comme par exemple celle de l'église de Saint-Germain des Prés, où sans ombre, sans modelé, sans aucun point lumineux, une tache de couleur, absolument plate, mais du ton vrai, juste, exact, donne parfaitement l'illusion et l'idée d'une pierrerie, rubis ou sardoine. De même, par la vérité crue de la couleur indépendante de la qualité et de la substance, les costumes des Funambules réalisaient, à souhait pour le plaisir des yeux, les pourpres, les ors, les tissus de la Phénicie et de l'Orient.

On peut voir à quels pauvres et piteux effets arrive, à la Comédie-Française et à l'Opéra, le système exactement contraire. Là, on ne cherche pas midi à quatorze heures, et on n'y va pas par quatre chemins. Là, pour représenter le satin, on prend du satin, et pour imiter le diamant, on prend des diamants vrais; car avant tout il faut garder son rang vis-à-vis de ses émules, et quelle dame sociétaire oserait se montrer aux yeux d'une belle rivale avec des diamants figurés par du simple strass ou par des cailloux du Rhin? Le malheur, c'est que, sur les tréteaux, le plus beau diamant de Golconde, certifié tel par Fontana et Moyana, ne vaut pas un bouchon de carafe avec un paillon dessous. Et de même, en ce milieu adorablement factice, une étoffe à cent cinquante francs le mètre tenterait en vain d'égaler l'étoffe quelconque, mais d'une couleur vraie et crue agréablement ornée, maquillée et enjolivée de fariboles et de fanfreluches ; car l'Illusion, déesse impérieuse et jalouse, ne prête pas sa magie à ce qu'on a fait sans elle et à ce qu'elle n'a pas fait elle-même.

Ah ! la Pauvreté, c'est l'inépuisable trouveuse, l'impeccable conseillère, la grande inspiratrice ! Avec raison, avec justice, avec l'imprescriptible droit du Lion qui se nomme : Lion, le public commande, inspire, fait lui-même sur mesure les journaux auxquels ils s'abonne, les romans dont il achète la cent soixante-cinquième édition, les comédies qu'il va voir jouer quinze cents fois de suite; car n'est-il pas légitime qu'il réserve pour lui-même, pour la visible image de son âme, son admiration et son argent ? Mais au contraire, n'étant pas achetée par les bourgeois, la poésie épique et lyrique n'est pas faite pour eux ; aussi garde-t-elle un libre génie et les signes indélébiles de sa céleste origine. Aussi le Théâtre qui (bien qu'il l'ait oublié) est directement né de l'Ode cesse-t-il d'être divin, dès qu'il cesse d'être pauvre et d'être poétique ; il appartient alors aux gens du monde et aux tapissiers, qui construisent des meubles confortables justement appelés par ces noms horribles : *poufs* et *crapauds*, et des chambres où l'architecture est remplacée par des logettes aux murailles et aux plafonds d'étoffes, qui ressemblent à des baraques de la foire, de même que deux gouttes d'eau se ressemblent entre elles.

Grâces en soient rendues aux Muses immortelles, Shakspeare **représentait** ses idéales comédies sur un théâtre misérable, et c'est pourquoi, voulant et désirant les faire voir, il devait inventer et peindre par la poésie la forêt d'Athènes où les petits génies s'agitent dans les fleurs autour de Titania, et la forêt des Ardennes où Rosalinde, habillée en garçon écoute les gracieuses plaintes d'Orlando, et la Venise d'Othello, et la Vérone de Juliette, et la sombre Écosse de Macbeth, et la frissonnante Elseneur du prince Hamlet. S'il avait eu à son service, comme nous, les grands ouvriers qui se nomment Rubé et Jambon, peut-être que la paresse, les embarras du Théâtre et le besoin d'aller vite l'eussent induit à remplacer la poésie par ces admirables toiles qui, selon la mélancolique expression du grand décorateur Thierry, sont destinées dans un avenir prochain à être mises à la lessive et à devenir des mouchoirs de poche ! Heureusement pour nous, il a peint ses décors sur l'indestructible étoffe poésie, et c'est pourquoi tout le savon de Marseille et toute l'eau de la vaste mer ne les effaceraient pas. Quant aux habits de ses comédiens, je le suppose, pendant de longues années, ils ne coûtèrent pas, à eux tous, aussi cher que le manteau de cinq mille francs récemment jeté sur les épaules du roi Claudius par la Comédie-Française. En ce temps-là, les vrais costumes de toile d'argent et de diamants étaient réservés pour la reine vierge Élisabeth, lorsqu'elle poursuivait le cerf dans ses parcs royaux, entourée de ses demoiselles travesties en nymphes, tenant en main l'arc d'argent massif, déguisée elle-même en Diane chasseresse.

Donc les costumes des Funambules étaient, par eux-mêmes, aussi resplendissants que la caverne d'Aladin et que les palais de soufre et de cuivre rouge flottant dans les nuées; mais par une transmission immédiate et impérieuse, ce qui contribuait le plus à les revêtir d'une beauté suprême, c'était l'influence, la persistante caresse, le voisinage enfin de l'immaculé Pierrot; car ceux qui ne l'ont pas vu de leurs yeux ne sauront jamais combien Deburau fut blanc! Plus blanc que le marbre du Pentélique réservé aux images des Dieux, plus blanc que le Lys dont Hugo dit si bien : *Le lys à Dieu pareil!* plus blanc que la neige des cimes, vierge de pas humains, plus blanc que le plumage des cygnes, glissant sur les eaux calmes, en attendant l'heure suprême où ils savoureront la joie de chanter et de mourir. En apparence pourtant, et peut-être même en réalité, l'habit de Deburau était simplement fait en calicot blanc, il est vrai, blanchi, repassé et plissé à larges plis, avec un soin fidèle. Mais ce qui lui donnait son idéale pureté, sa candeur angélique et liliale, c'était l'âme de celui qui l'habitait, exempte de toute pensée hypocrite ou cruelle. Car en ce grand mime vivait l'âme, blanche aussi, du Peuple, vaillant et résigné, qui vivrait de l'air du temps, s'il n'était enfermé dans une ville sans air, qui, faute d'autre chose, ne mange pas de brioche, qui demande du pain, à qui on donne la liberté, et qui s'en contente, et qui sait vivre de rien et mourir pour rien.

Mais par qui étaient composés les poèmes ? Par personne, par le premier venu, et d'ailleurs, qu'importe. Il suffisait d'un être simple, qui connût par tradition les meilleures scènes italiennes; et quant à les franciser, quant à leur donner la pureté et la précision classiques, c'était affaire à Deburau, qui de ces pépites savait rejeter l'alliage et extraire l'or pur. L'inventeur des féeries n'était nullement tenu de savoir l'orthographe, et même il était nécessaire qu'il ne la sût pas. Les meilleures pantomimes, peut-être, furent dues à un nommé Charles, dont le visage vulgaire semblait taillé au couteau et qui, après avoir reçu les billets au contrôle, jouait le beau Léandre. Mais c'était un homme de bonne volonté, et il possédait la divine ignorance, qui est le commencement du génie : peu versé dans les études exégétiques, il confondait ensemble tous les Dieux de toutes les races, tous les sylphes, toutes les fées, tous les génies, devançant ainsi les suprêmes conclusions de la Science moderne. Dans ces belles féeries des Funambules, les êtres divins parlaient en vers lyriques, tandis que les êtres humains ne proféraient aucun son; n'est-ce pas là le résumé absolu de la sagesse ? Car s'il est évident que les Ames ailées de la nature ne peuvent employer un autre langage que celui d'Orphée et de Hugo, en revanche, ne voyons-nous pas, par les séances parlementaires et par les thés de cinq heures, que la parole a été accordée indûment à la plupart des mortels ?

Enfin, mettre en tas toutes les Divinités et tous les Esprits, n'est-ce pas s'élever à la hauteur de l'instinct populaire, qui revêt de la même splendeur tous les êtres surnaturels, qui ne paient pas leur terme et qui ne mangent pas de sucres d'orge, de cervelas et de pommes de terre frites ?

LES PIERROTS

A distance, on doit voir et on verra toujours le grand Deburau sous son habit marmoréen d'une blancheur épique, aux plis superbes et tranquilles, et il avait le droit de dire : *Je suis déguisé quand je suis autrement.* Mais il fut souvent déguisé, car il devait non seulement montrer le Peuple sous une figure absolue et synthétique, mais comme lui, se muer et se transfigurer en cent formes diverses, exprimant toutes le dénûment, le travail, l'esclavage et l'invincible gaieté, née d'un espoir obstiné dans l'avenir, qui remettra chaque chose à sa place.

Ce jour béni de la Justice arrivera sans doute quand les poules auront des dents; mais elles en auront, et ce sont elles qui mangeront les renards. Certes, il faudra pour cela du temps; mais le dernier tableau de la pantomime n'arrive pas tout de suite, et c'est seulement quand les personnages ont beaucoup trimé, valeté, vagabondé, pleuré d'amour et reçu force coups de batte, coups de pied, gifles, pichenettes, croquignolles, et nazardes, que ce tableau vengeur, ébloui de fleurs et de pierreries, jaillira enfin de l'ombre, avec ses flammes de Bengale bleues et roses, et ses effets d'eau naturelle.

Donc, ouvrier, manœuvre, soldat, paysan, chiffonnier, marchand d'habits colportant ses loques, marchand de peaux de lapins et casseur de cailloux, de tous les plus atroces cailloux, il fut tous les vagabonds, tous les tâcherons, tous les parias, tous les êtres qui ont été lavés par la pluie et grillés par le fauve soleil, qui ont sucé la mamelle vide et flasque de la bonne nourrice Misère. En ces incarnations, Pierrot, devenu un être réel et terrestre, ne portait plus son habit de neige et de cygne ; forcé alors de filer, de travailler et de faire toutes les autres besognes, il n'était plus vêtu comme le Lys sauvage, qui ne file pas et ne travaille pas, et qui est mieux vêtu que le roi Salomon.

Il portait, au contraire, l'exacte livrée de ses divers avatars, et dans ses innombrables travestissements éclatait, sous un nouvel aspect, le génie inépuisable et divers du grand Deburau. En effet, costumé avec l'observation la plus pittoresque, s'assimilant tous les vêtements, toutes les loques, tous les chiffons, ne gardant de blanc que son visage, agrémenté par des coiffures, par des chevelures, par des barbes même, il devenait alors un peintre de mœurs, un caricaturiste comme les Pigalle, les Monnier, les Traviès, comme le fameux comédien Potier, ayant en plus la colère d'un Daumier, bientôt corrigée par la tranquille résignation du sourire. Je viens de dire que les sosies de Pierrot portaient quelquefois des barbes ; mais ceci demande une explication ! Comme malgré le souci du réel, rien ne devait troubler dans leur inéluctable harmonie les lignes du blanc visage, les barbes postiches s'y adaptaient sans en cacher rien, comme voltigeant autour de lui, plutôt que de s'y poser ; et si, par exemple, Pierrot était orné de moustaches, elles tenaient à la lèvre supérieure par la base seulement et, pour le reste, s'élançaient dans l'air libre, comme les ailes frémissantes des Anges.

Pierrot savait tous les métiers, pour les avoir tous faits. Il était ce marchand de poissons que le prince Hamlet croit reconnaître dans le vieux Polonius, et il fallait voir avec quelle crânerie, avec quelle adresse, avec quel instinct de l'équilibre il portait sur sa tête, dans une manne, les longs poissons aux écailles d'or. Cuisinier, il fabriquait de ses mains longues et fines une soupe aux choux fumante, et si savoureuse que les spectateurs, même n'en ayant pas mangé et sachant qu'ils n'en mangeraient certainement pas, s'en léchaient les babines. Dans *Le Diable à quatre* de Sedaine, il était savetier, et nul mieux que lui n'eût les gestes, les façons, les lunettes et le visage d'un savetier, comme on le voit dans l'admirable dessin d'Auguste Bouquet, placé en tête du second tome, dans le rarissime *Deburau* de Jules Janin. Et dans *Les Jolis soldats*, qu'il était bien le conscrit stupéfait, ahuri, naïf jusqu'à la frénésie, en sabots, faisant les corvées, balayant la paille de la cour, faisant l'exercice avec une savante maladresse, et à son premier duel, un peu désorienté ; car le conscrit commence toujours par là, avant de devenir, comme il le devient très vite, l'intrépide petit pioupiou qui culbute l'ennemi, se rit des obstacles, cueille les canons et les drapeaux ennemis, et, la chanson aux lèvres, entre dans les villes, comme César et Napoléon !

Ici se pose une question. Pierrot paysan, avec ses yeux de génisse et sa chevelure rousse comme un lever d'aurore, était-il brave, ou ne l'était-il pas ? Il l'était, sans aucun doute ; peut-être pas d'abord et tout de suite ; mais une fois ragaillardi et réchauffé, il faisait des exploits sans nombre, dans le mélodrame tyrolien, sur le pont du torrent, où le combat, rhythmé par la musique, choquait en mesure ses sabres carrés aux lames noires. Là, le paysan Pierrot tenait tête à des douzaines de brigands ou à des douzaines d'ennemis et luttait de valeur avec la Fée ou avec la femme intrépide qui, elle-même, costumée en guerrière, faisait voler au-dessus des têtes éperdues son épée de lumière et de flamme.

Quand le grand Deburau mourut, quand son visage blanc et poétique prit la sereine immobilité du marbre, il ne mourut pas tout entier ; on le vit renaître dans son fils Charles Deburau

4.

qui, avec son dernier souffle, avait reçu de lui une leçon décisive et suprême. Certes, agile sans doute, s'il l'avait voulu, comme un feu follet et comme le vif argent, le créateur du Pierrot français, du Pierrot éternel, n'insistait pas sur ce côté de son talent, non plus que sur aucun autre; il se bornait à indiquer tout, sans peser, sans rester; par la religion d'une délicatesse infinie, ne soulignant rien, ne tyrannisant pas le spectateur, et n'imposant pas une forme impérieuse aux rêves que, par milliers, il faisait éclore dans les âmes. Ce fut là sa plus vraie et sa plus grande gloire, il voulut et sut être exclusivement le comédien de la pensée, estimant, avec la grande Clairon, que pour exprimer tout, il suffit d'un éclair dans le regard, et du plus rapide tressaillement des muscles du visage.

Pierrot fils, le jeune Charles Deburau était un artiste trop intelligent et trop supérieur pour songer à imiter son père. Sa grandeur ne l'attachait pas au rivage. Jeune! il l'était par-dessus tout et il avait trop d'ardeur, d'enthousiasme, de furie, de folie, pour consentir à être l'esclave d'une abstraction, même sublime. Au contraire, il avait soif de vie, d'expansion, de mouvement. Cette grâce agile, qu'on découvrait en Deburau père, le fils l'incarna en lui, et la laissa libre comme un vol d'oiseau, à travers les jeux de la brise et de la lumière. Il avait la séduction enchanteresse de l'animal et du jeune enfant; il voltigeait comme un daim léger à travers les mousses, sous l'ombre caressante des feuilles.

L'ancien Pierrot illustre avait été doucement sceptique, sachant le fond et le vrai de tout, et connaissant sur le bout du doigt toutes les fourberies des femmes en matière de sentiment.

Il était à la fois naïf et désabusé; on ne pouvait demander cela à son héritier légitime, qui, beau comme Chérubin et comme Roméo, jeune comme eux, fut bien forcé de se laisser adorer par Colombine et par Isabelle, et même de les adorer aussi; car le mal dont il les avait frappées est essentiellement contagieux. Il s'enfuyait, léger, à travers les campagnes et les villes, cueillant les femmes et les roses; il ne dépendait nullement de lui qu'il en fût autrement; car il était don Juan aussi, faisant, comme le maître, sa liste des *mille et trois*, et, comme le Pyrrhus du doux Racine, brûlé d'autant de feux qu'il en allumait.

Assurément, cette catastrophe changea toute l'économie et tout l'aspect de la Pantomime; je n'ai pas été de ceux qui s'en désolèrent. Certes, il était beau que Pierrot, supérieur aux passions, aux événements, à la vie, planât au-dessus des changeantes circonstances, et, en voyant le troupeau des filles d'Ève, vêtues de feuilles de figuier de toutes les couleurs, pût s'écrier (en silence), comme le chicard de Gavarni : *En voulez-vous de la crevette, pas cher!* Mais courtiser Amaryllis et Silvia, filer une quenouille aux pieds des Omphales, et, comme Thésée, s'agenouiller aux pieds des guerrières qu'on a vaincues, ce ne sont pas de mauvaises postures, et cela vaut mieux que d'aller au cabaret, quoiqu'il vaille mieux aller au cabaret que dans le monde.

Donc, le jeune Pierrot, dans la pantomime nouvelle, fut adulé, caressé, choyé, baisé, comme un Vert-Vert blanc, par les nonnes laïques de tous les États, et charmant, traînant tous les cœurs après soi, il fallut bien qu'il se saoulât d'ambroisie. Comme tout se paie un jour ou l'autre, il fut forcé d'atteindre et de saisir par leurs ailes toutes les Colombines que son illustre prédécesseur s'était borné à poursuivre pour le compte d'autrui, avec le sincère désir de ne pas les attraper.

Par exemple, il ne faut pas s'y tromper, cette transfiguration radicale, ce fut la défaite, la chute et la mort définitive d'Arlequin. Ce que ce séducteur bariolé avait surtout pour lui, c'est qu'il était aimé, en dépit de sa face de chien; de ce moment-là, Pierrot le fut mille fois plus que lui; et alors, que lui restait-il? L'agilité du jeune chat bondissant, la grâce de la gazelle, l'éblouissement du serpent qui danse? Pierrot, en une fois et d'un coup, lui prit tout cela, et même la batte, dont il se servait infiniment mieux que le noir bergamasque. Mais, hélas! Pierrot ne devait pas tarder à suivre Arlequin dans la noire coulisse par où l'acteur disparaît définitivement. Après les deux Deburau, après le fils qui, avec tant de séduction et de libre génie, faisait songer à son père; après ceux qui leur succédèrent, du temps que la Muse funambulesque respirait encore; après le fin, délicat et ingénieux Paul

Legrand; après l'ironique et mince Kalpestri; après l'audacieux Jules Rouff, il n'y a plus eu, il ne pouvait plus y avoir et il n'y aura plus de Pierrots.

Et qui, de gaieté de cœur, consentirait à être blanc, dans cet âge pessimiste, où tout veut être noir, y compris le point inamovible qu'on voit toujours au bout de l'horizon politique? C'est ce qu'a admirablement exprimé Willette, ce mélancolique poète du crayon, en imaginant sa race fantasque, désolée, tristement lyrique des Pierrots noirs. Ce fut comme le suprême chant d'un cygne noir, qui pleurerait ses frères les cygnes blancs, envolés et évanouis. Ainsi Willette nous invitait à porter le deuil du blanc rêveur; qu'il me pardonne de ne lui avoir pas obéi! Mais j'appartiens moi-même à l'époque fabuleuse où on se révoltait contre la tyrannie et la perruque du jardinier Le Nôtre. Je crois toujours à l'existence de la Lyre, et même, j'en joue encore. C'est pourquoi on me pardonnera peut-être d'avoir effeuillé quelques lys, en l'honneur du regretté Charles Deburau, et de celui qui fut, avant lui, le grand Deburau.

III

PAPILLON

Au docteur J. Charcot.

Dans l'ancien quartier Latin des pantalons écossais à carreaux et des bérets basques, il y avait une très jeune femme, extrêmement jolie, qui était folle. On la désignait par le surnom banal et *romance* de Papillon.

Oui, Papillon, pâle, ingénue, avec des cheveux châtains et des yeux couleur de pervenche, était une folle à enfermer. Cependant on ne l'enfermait pas, sans doute parce qu'elle ne faisait de mal à personne. Le principal caractère de sa folie c'est que, vêtements, joyaux, ses gants, son mouchoir de poche, elle donnait, au hasard, tout ce qu'elle possédait, y compris elle-même. Sans que rien pût détruire son innocence absolue, à la fois bestiale et divine, elle était prise par qui voulait. Elle se laissait cueillir, comme une églantine dans le taillis ou comme une mûre dans la haie. Papillon manquait entièrement de vertu et de sens moral. Si quelqu'un la priait d'amour (mot trop général, qu'il faut considérer ici comme un euphémisme !) elle ne refusait jamais; seulement elle avait une manière spéciale et caractéristique de ne pas refuser. Quand tel ou tel, dans un des jardins-guinguettes du boulevard Montparnasse, venait lui planter un baiser en plein visage, ou sur le cou, ou sur l'oreille, elle disait avec une mélancolie ardente, et comme attendrie :

— Ah ! oui, je veux bien, parce que tu ressembles à mon Lucien !

D'autres fois, l'illusion était plus intense encore, et sous les baisers qui, insolemment, tombaient sur elle, dru comme grêle, Papillon disait, en tournant vers l'agresseur sa prunelle amoureuse et soumise :

— Oh ! oui ! oui ! n'est-ce pas que tu es mon Lucien ?

Quand elle prononçait ces deux mots : Mon Lucien ! (et elle les prononçait à toutes les minutes) on eût dit qu'elle voyait s'ouvrir les cieux et le paradis des Anges. Souvent des étudiants, plus farceurs que spirituels, poussaient dans ses bras quelque jeune provincial, nouvellement débarqué, et lui disaient d'un ton gouailleur :

— Tiens ! le voilà, ton Lucien.

— Ah ! quel bonheur ! s'écriait Papillon.

Et elle baisait ce passant comme du pain, le couvrant de caresses, dont l'ingénuité aurait dû désarmer ses persécuteurs.

Mais que lui importaient les méchancetés, les plaisanteries, les railleries cruelles ? A travers tout, elle était heureuse, parce qu'elle adorait ardemment, délicieusement, éperdument son Lucien, à qui elle était à la fois si fidèle et si naïvement infidèle.

Mais qui était-il, ce Lucien ? Avait-il existé seulement ? A vrai dire, il en fut de ce point historique comme de tous les autres : on ne l'a jamais éclairci. Pour moi, la question est de peu d'importance, ou plutôt, elle n'a pas de raison d'être. Car si un être est aimé, fût-il chimérique ; si un dieu, même purement idéal, respire la fumée des autels et le sang des sacrifices, n'existent-ils pas par cela même bien plus sûrement que s'ils étaient revêtus d'une enveloppe matérielle et visible ?

Quoi qu'il en soit, beaucoup de légendes circulaient dans le quartier, à propos de cet amant hypothétique, et voici ce que racontait la plus accréditée. Papillon, qui se nommait Jeanne Ardely, âgée de seize ans et vierge encore, avait été amenée et vendue par une de ses tantes, horrible mégère de village, dans une maison de prostitution de la rue Mazarine, qu'on nommait la Botte-de-Foin. Le hasard voulut que, conduit là par des étudiants de son pays, beau comme un dieu, âgé de dix-huit ans, rougissant de honte, un jeune homme nommé Lucien fût, par le caprice de ses amis, accouplé à Jeanne, que nulle caresse n'avait encore souillée ; et ainsi se trouvèrent enfermés ensemble, dans une chambre ignoble, ces deux enfants charmants, purs, semblables aux plus beaux couples héroïques chantés et célébrés dans les poèmes.

Bien mieux encore que Molière, Amour prend son bien où il le trouve. Il lui plut de joindre ces deux êtres, de tresser leurs âmes, de les promener dans les forêts des enchantements, dont il sut faire éclore autour d'eux les ombrages, les eaux jaillissantes et les fleurs écarlates. Sous les pieds de Jeanne et de Lucien s'étendaient les plus beaux tapis de pourpre rose, et les rossignols, instruits par quelque maître céleste, disaient à leurs oreilles des chants qui n'ont pas encore été entendus. Il semblait que tous les deux, ils se fussent cherchés depuis mille ans, retrouvés enfin, et peut-être en était-il ainsi ! Tout de suite, ils étaient tombés dans les bras l'un de l'autre ; ils se disaient tout, pleuraient, échangeaient de longs baisers, mais sans plus ; et, en effet, leur entrevue resta chaste, car ce Daphnis et cette Chloé ignoraient tout, faute, sans doute, d'avoir guetté les Nymphes qui se baignent aux fontaines, et regardé les chevreaux dans les bois.

Les heures avaient passé comme des flots ; il faisait nuit déjà, quand la maîtresse du logis vint, en personne, arracher des bras de sa mie et chasser Lucien qui, n'ayant plus un sou dans sa poche, fut bien forcé de déguerpir, le cœur plein de rage. Aller chercher, se procurer de l'argent par tous les moyens, il eût sans remords égorgé les passants ! puis revenir délivrer Jeanne, l'emporter, en faire la compagne de toute sa vie, tel était le plan extrêmement simple, sinon praticable, qui, à l'instant même, fut esquissé dans son cerveau.

Mais le pauvre garçon avait compté sans la rapidité avec laquelle les événements s'enfuient, poussés par un fouet aveugle. A peine était-il parti, que la fillette fut coiffée par le coiffeur, corsetée, peinte avec un pied de rouge sur les joues, parée d'oripeaux, de bijoux absurdes, et exposée sur les divans rouges avec les autres dames. Justement, un flot de marchands du quartier, de bourgeois avinés se pressait dans le *salon*, où la fraîche et délicate beauté de Jeanne fit fanatisme. Tout le monde la demanda, la disputa, la voulut. Saoulée de punch, d'anisette, de champagne, de toutes les horribles choses qui se boivent dans ces bouges, l'enfant stupéfaite, courtisée, brutalisée, violée, passa tour à tour dans les bras de vingt hommes, et pantelante de souffrance, d'étonnement, d'horreur, devint folle sur le coup. A peine vêtue d'une camisole et d'une jupe, malgré les mains qui la retenaient, la déchiraient, elle se sauva dans la rue, en poussant des hurlements. Elle courut ainsi jusqu'à la place Saint-Michel, où elle tomba dans la boue, évanouie, et où elle fut recueillie par un étudiant en médecine, qui l'emmena chez lui et la soigna.

Telle était la version la plus répandue. Mais dans d'autres récits, Lucien était un jeune officier qui, après avoir passé avec Jeanne quelques semaines de joie et d'ivresse amoureuse, avait dû rejoindre son régiment, et avait été tué en Afrique. Dans d'autres encore, c'était un ténor d'opéra-comique, bête comme un oisillon, qui, après avoir séduit Jeanne par ses bottes molles et son col de fausse guipure, l'avait nourrie de croûtes sèches, rouée de coups, et, finalement, abandonnée sur le grand chemin, un jour qu'il neigeait. Ainsi l'histoire de cet amant restait vague et flottante, comme l'histoire de France. La seule chose certaine, c'est que Papillon l'aima toujours, et quoique absent ou mort, ou n'ayant pas existé, ne cessa jamais de le voir à côté d'elle.

Quelquefois, à court de femmes et d'argent pour leurs repas d'amis, ou leurs orgies, ou leurs excursions à la campagne, dans toutes ces occasions diverses, les étudiants avaient pris l'habitude de compter sur Papillon ; car il suffisait, en effet, de lui nommer Lucien pour l'emmener n'importe où, et elle marchait alors docile comme un chien. On peut dire de la jeunesse comme de l'enfance : cet âge est sans pitié. Souvent pendant les soupers qui durent toute une nuit, on la voyait bonne, aimable, soumise, faisant tout ce qu'on voulait; quelque loustic imbécile et féroce s'amusait à persécuter Papillon, à lui verser du champagne dans le cou, à lui jeter des épluchures de fruits dans sa chevelure. Alors, la pauvre fille se bornait à lever vers le bourreau ses beaux yeux tristes, et elle lui disait, avec le ton d'un cruel désappointement :

— Ah ! tu n'es pas mon Lucien !

L'argent allait volontiers vers Papillon, comme vers toutes les personnes absolument désintéressées, qui le dédaignent. Mais Louis XIV, qui renonçait à enrichir Dufresny, embellisseur de jardins, n'eût pas réussi davantage à tirer de la misère cette jolie insoucieuse. Un jour, en plein hiver, un riche marchand de bois, à qui elle plut, la rencontra, vêtue d'une robe en pelure d'oignon, chaussée de bottines en ailes de sauterelle, et l'emmena chez lui. Après l'avoir pendant une semaine choyée, régalée et amusée de son mieux, il la renvoya avec un beau trousseau, très bien nippée, et ayant dans sa poche une bourse gonflée d'or. Mais tout de suite, Papillon oublia sa malle dans un hôtel dont elle ne put se rappeler le nom, et distribua son or à des gueux de toute sorte. Après quoi elle alla se promener au Luxembourg où, ayant vu beaucoup de petites filles à peine vêtues, elle donna à l'une son manteau, à une autre son chapeau, à une autre sa robe, puis ses gants, sa jupe, si bien qu'elle finit par marcher en linge, sous un froid mortel. Elle attrapa ainsi une fluxion de poitrine, dont elle devait mourir, et ramassée par les sergents de ville, fut portée à l'hôpital.

Les sœurs s'intéressèrent à elle, à cause de sa beauté et de sa douceur infinie et avec un profond ravissement Papillon rapprit ses prières. La fièvre intense, brûlante, meurtrière, ne la quittait pas, mais elle semblait tout à fait heureuse, comme déjà affranchie et délivrée de la vie. Assise dans son lit, car couchée, elle ne pouvait plus respirer, elle tenait un chapelet blanc dans ses mains pâlies, blanches comme la neige, regardait devant elle, et je ne sais quelle vision charmait ses prunelles extasiées. Au moment d'expirer, elle étendit ses bras, embrassa le vide, avec ses lèvres d'un pâle rose, baisa le vide et, comme emportée dans un éblouissement céleste :

— Ah ! enfin ! mon Lucien ! dit-elle.

IV

LA MÈRE JAPHET

A Jean Richepin.

Devenue si écourtée et si insignifiante depuis la création du boulevard Saint-Michel, la rue de la Harpe était naguère une voie très longue et très importante, allant du quai au Luxembourg, irrégulière, noire, et offrant des aspects infiniments pittoresques. Encastrés alors dans des constructions fort laides, les Thermes de Julien montraient leurs ruines toutes sèches, non encore ennoblies par le lierre. Des hôtelleries, des gargotes, des cabarets bizarres et, entre autres, la boutique de traiteur ayant pour enseigne *Le Bœuf Enragé* attestaient la pauvre vie que menaient alors les étudiants. Tout en haut de la rue s'ouvrait le débit où étaient, disait-on, vendus les meilleurs tabacs de tout Paris; mais ces tabacs étaient contenus dans de grands tonneaux, défoncés d'un côté et posés sur des solives. C'était là un coin de ville où on avait encore le droit de ne pas être riche, anomalie qui n'existe plus dans un Quartier Latin opulent et modernisé, où, désormais, on rencontrerait plus facilement un évêque avec sa mitre, qu'un étudiant coiffé d'un béret basque.

Mais, sans nul doute possible, ce qu'il y avait de plus curieux et de plus extraordinaire dans la rue de la Harpe, c'était la boutique de bouquinerie de la mère Japhet, dont l'entrée béante était surmontée d'une sculpture en bois, peinte, soutenue par des barres de fer disposées en triangle, et représentant une colombe ensanglantée percée d'une flèche, symbole dont l'origine et la signification devaient à jamais rester inexplicables. Boutique ? Non ; il aurait fallu dire : antre, caverne, gouffre : ou plutôt, trouver un mot qui évoquât l'idée la plus inouïe d'amas, d'entassement et de cataclysme. Le taudis, la tanière, le lieu innommé dont il s'agit, entièrement exempt de meubles, de tablettes, d'agencement quelconque, était envahi et débordé par une montagne de livres qui, partant du pavé de la rue, s'élevait jusqu'au plafond, immobile à force d'être tombée, ayant trouvé des aplombs inattendus, et se tenant en équilibre en vertu de je ne sais quelle force cosmique, comme les astres. Livres énormes, tout petits, brochés, déchirés, magnifiquement reliés, classiques, littéraires, scientifiques ; livres d'étude, de luxe, de loisir ; chiffons et papier de Hollande ; ordures et joyaux, tout se mêlait, se confondait, se pénétrait, dans ce capharnaüm auprès duquel le Chaos lui-même aurait semblé peigné comme un jardin hollandais, et réglé comme un papier de musique.

Cependant, il y avait certes quelque chose de plus inattendu que cette boutique : c'était la mère Japhet elle-même, en qui les passants, les étudiants, les écoliers, les grisettes (il en existait encore) pouvaient admirer, avec une épouvante adoucie par la seule habitude quotidienne, un monstre si prodigieux que son évidente réalité ne suffisait pas à le rendre vraisemblable.

A certains moments de la journée — d'où sortait-il ? — apparaissait, posé sur le pavé de la rue, un haut trépied, d'une apparence mythologique et surnaturelle, supportant un brasier sur lequel une fée, une sorcière, une stryge, une affreuse déesse — c'était madame Japhet — cuisait ses nourritures. Aussi droite qu'un lys ou qu'un bâton de maréchal, rien chez elle ne rappelait les courbes et les lignes ondulées des figures féminines. Sur ce corps géométrique, un vêtement, un sayon, une tunique, une robe couleur de suie semblait avoir poussé naturellement. Le visage de la bouquiniste, couvert d'une épaisse écaille de poussière et de boue, apparaissait sous cette enveloppe avec des traits à la fois rusés et innocents ; le sourire de la bouche très rouge était fin ; les yeux étaient doux comme ceux des gazelles. Les cheveux, crêpés par un emmêlement que le plus habile coiffeur eût en vain cherché, étaient littéralement poudrés de poussière et à demi-cachés sous un petit caloquet de velours, pareil à celui des marchandes de balais et des princesses de l'histoire.

Ingénue comme un petit enfant, madame Japhet était en même temps savante comme un mage. Il n'est pas bien certain qu'elle sût lire ; cependant, lorsqu'on lui demandait n'importe quel livre inconnu et rare, ou grec, ou écrit dans une langue orientale, sans hésiter, sans réfléchir, elle s'élançait, les genoux en avant, sur le tas, sur l'Alpe des livres qui s'élevait dans la boutique. Elle y rampait, elle y sautait comme un chat, elle y bondissait comme un tigre et, au bout de quelques secondes à peine, se servant de ses dents en même temps que de ses griffes, elle rapportait le livre. Tout de suite, d'une voix très douce, elle disait le prix qu'elle voulait le vendre, et il n'y avait pas un mot à objecter ; car si elle avait estimé le volume en bibliophile, comme eût pu le faire Brunet dans le *Manuel du Libraire*, en même temps, avec le génie de Nucingen ou de Gobseck, elle avait jugé d'un coup d'œil les souliers et la redingote de l'acheteur, et calculé la somme qu'il pouvait et devait donner.

D'ailleurs, cette pythonisse, cette devineresse était simple comme les bêtes des bois, dont elle avait l'agilité, et au moment où sommeillaient ses extraordinaires facultés, elle était aussi facile à tromper que Napoléon, qui ne voulait pas changer de chemise, et à qui, tout le long de sa vie, on fit prendre des chemises propres pour des chemises sales. Bien souvent, des polissons venaient dérober des livres sur le devant de la boutique et, effrontément, les revendaient à madame Japhet, qui ne les reconnaissait pas. Mais si par hasard la sorcière s'apercevait de cette supercherie, elle regardait les petits voleurs avec des yeux si profonds et si doux, qu'ils en étaient troublés jusqu'au fond de l'âme, et bien souvent il arriva à certains d'entre eux de faire des aveux et d'éclater en sanglots.

Ayant depuis quelques années terminé mes études, je passais un jour dans la rue de la Harpe, en compagnie de Paul Sévêne, le plus aimable et le plus intelligent de mes condisciples. Ce jeune homme, que sa rare beauté byronienne et son brillant esprit avaient semblé désigner pour les plus hautes situations sociales, était tout simplement un marchand de draps dans la rue des Bourdonnais, à l'enseigne de *la Barbe d'Or*. En effet, ayant tout récemment perdu son père, le probe et richissime Guillaume Sévêne, il lui succédait, s'étant pour cela associé avec sa mère, tendrement chérie, voulant par la plus délicate piété que rien ne fût changé dans la vie de cette admirable femme, et que, jusqu'à la mort, elle régnât sur le royaume où elle était universellement vénérée.

Comme nous passions, Paul et moi, devant la bouquinerie de la mère Japhet, nous fûmes arrêtés par un spectacle dont l'étrangeté nous passionna. Debout, planté près de l'ouverture de la boutique, le vieux mathématicien Chavas, une des lumières de l'Institut, semblait en proie à la plus violente émotion, tandis que, bondissante, gravissant les Himalayas de volumes avec l'agilité d'un chamois poursuivi par des chasseurs, telle enfin que nous l'avions vue jadis, la mère Japhet se frayait un chemin, comme dans une forêt vierge. Il n'était pas difficile de reconstituer le drame. Évidemment, Chavas avait besoin d'un livre précieux, qu'il avait vainement cherché partout. En désespoir de cause, il était venu là et, rien qu'en entendant le titre du volume, la fantastique bouquiniste s'était élancée. Il était plus que probable qu'elle allait descendre, tenant la proie dans ses dents blanches ou dans ses griffes noires. Mais, dans le doute, Chavas souffrait mille morts; les secondes étaient pour lui des siècles, et il mettait la main sur son vieux cœur, pour l'empêcher de battre trop fort.

— Ah! dis-je à Paul Sévêne, n'est-ce pas un crime que de laisser cette pauvre femme dans un tel abaissement? Note que, riches tous deux, grâce uniquement à sa générosité, les deux fils de la bouquiniste, MM. Louis et Pierre Japhet, possèdent, l'un et l'autre, dans le quartier des Écoles, d'élégantes librairies, où leur très vaste érudition et leur éducation parfaite leur attirent toutes les sympathies. Eh bien! pourquoi ces mauvais fils laissent-ils leur bienfaitrice et leur mère croupir, comme une bête, dans la saleté et dans la fange? N'auraient-ils pas dû lui choisir et meubler pour elle un appartement convenable? N'auraient-ils pas dû, surtout, agencer la boutique, y faire poser des tablettes, et y installer un commis honnête et travailleur, qui rangerait les livres ? Enfin, eût-il donc été si difficile de donner à cette naïve sorcière une femme de chambre, qui lui commanderait du linge et des robes, et qui prendrait soin de la peigner, de la vêtir et de débarbouiller son visage !

— Ah ! mon cher assembleur de rimes, dit Paul Sévêne, tu tombes, toi aussi, dans la fanfreluche sentimentale ? Mais, barbare que tu es, ce que tu conseilles à MM. Louis et Pierre Japhet n'est ni plus ni moins que le parricide ! Car on pourrait, en effet, baigner et débarbouiller la bouquiniste, et nettoyer, peigner ses cheveux et la vêtir de fines lingeries et de robes de la bonne faiseuse. Mais, avant que ces diverses opérations ne fussent achevées, la patiente serait certainement morte, non sans s'être montrée aussi étonnée qu'une carpe de fleuve, à qui on offrirait des souliers vernis et une canne de jonc, pour se promener sur le boulevard.

Et j'admire à quel point tu es dénué de tout instinct commercial ! Car la bouquinerie une fois agencée, mise en bon point et ornée de tablettes, il n'y aurait plus rien dedans. Tous les livres, toutes les curiosités, tous les exemplaires précieux sont dans ce tas de choses, parce que, n'étant soumis à aucune loi, il est infini, comme l'univers ; mais qu'on y établisse des classements et des rangements, il ne sera plus que ce qu'il est réellement : une vertigineuse hypothèse ! Il en est magiquement sorti des millions peut-être ; en tout cas, beaucoup d'argent. Qu'on y introduise l'ordre pédant et stérile, il n'en sortira plus que des rats affamés et de vieilles souris, car on aura effarouché le grand faiseur de miracles, qui se nomme l'imprévu !

— Mais enfin, dis-je, car il n'y a qu'un mot qui compte, aurais-tu agi comme les fils Japhet ?

— Eh bien ! dit Paul Sévêne, c'est précisément ce que j'ai fait. Je n'avais pas à conserver des pourritures et des poussières, parce que la noble et honnête maison de Guillaume Sévêne n'en contenait pas ; mais je n'ai rien changé dans les magasins, dans les casiers de chêne poli, où sont rangées les pièces de drap, ni dans nos fabriques de Sedan et de Louviers, ni dans le vieux salon meublé de lampas et de bois anciens, délicatement sculptés, où mes parents recevaient leurs amis. Et certes, si j'ai agi de la sorte, c'est d'abord et surtout comme fils pieux ; car je n'ai pas dérangé ma mère, plus que les fils Japhet n'ont voulu déranger la leur ; mais c'est aussi comme bon commerçant. Car les Dieux spéciaux qui s'occupent de notre prospérité se nichent dans des recoins et des angles, dont il ne faut pas les débusquer. On assure que le glacier Tortoni a dû sa fortune à son étonnant mobilier et à ses guéridons cerclés de cuivre, que ses successeurs se garderaient bien de changer, car ils les regardent comme des talismans.

— Mais enfin, dis-je, les fils Japhet se marieront, épouseront des filles riches élevées dans des pensionnats à la mode ; que pourront être les rapports de ces délicates Parisiennes avec leur belle-mère, qui vit à quatre pattes dans les bouquins et dans les plus abominables poussières ?

— Mon cher, dit Paul Sévêne, le roi, l'âne ou moi, ou les jeunes femmes, ou la belle-mère, quelqu'un mourra à un moment donné ; car La Fontaine a toujours raison. Et puis, le grand peintre Delacroix le dit très bien : un cabaretier peut faire barbouiller sa boutique des couleurs les plus discordantes, l'atmosphère se chargera de les harmoniser ensemble. Or, les millions sont comme l'atmosphère ; ils ont le don de tout arranger, grâce à leur invincible et souveraine magie.

V

LEÇON DE FEUILLETON

A François Coppée.

Rien ne fut plus délicieux que cette salle à manger de Jules Janin, dans la rue de Vaugirard, parée comme une châsse et brillante des plus vives couleurs. En effet, tout autour des murailles couraient d'étroites planchettes en bois ciré, bordées d'une courte frange de soie, sur lesquelles étaient alignés en bel ordre les livres dont les dos écarlates, pourprés, orangés, citron, bleus, verts, violets, se mêlaient à souhait pour le plaisir des yeux. Et dans cette pièce glorieusement meublée, par une fenêtre ouverte, on voyait les feuillages, les masses d'arbres, les pelouses, les jets d'eau, tout le noble et gracieux paysage du Luxembourg. Lui, le maître, souriant, bon enfant, très pareil à la médaille d'Horace, il regardait en bas les champs de fleurs, éblouissants comme les maroquins de ses livres ; il écoutait chanter les milliers d'oiseaux, et il parlait avec des images gaies et variées comme les fleurs, et, comme les oiseaux, il changeait mille fois de thème et de chanson, toujours avec le même luxe de dessins et de broderies. Il se contredisait lui-même souvent et sans cesse, précisément à cause de sa sincérité et de son égalité d'esprit; car pouvant tout comprendre et tout traduire, il voyait avec une rapidité vertigineuse toutes les facettes d'une idée, et les caressait l'une après l'autre. Moi, cependant, j'étais déjà un tout petit lundiste de fraîche date, et à l'âge où il aurait mieux valu courtiser Fanchette et Suzanne, j'écoutais ardemment le grand joaillier des mots et des phrases, avec l'ambitieux espoir d'aspirer un peu de son génie et de devenir un bon ouvrier.

— Ah! mon cher enfant, dit-il tout à coup, quel absurde métier nous avons pris là, vous et moi! O ciel! être l'esclave du mélodrame, de la comédie, des plus infimes tréteaux et, par le noir hiver, par la chaleur accablante, quand il existe des rois, des héros, des grandes dames aux prunelles divines, être l'historiographe attitré de Bilboquet et de Jocrisse! Ne jamais errer librement dans la campagne parfumée, en poursuivant un vers qui nous fuirait, comme Galatée, sous les saules! Et voyez quelle différence entre nous et les autres écrivains; comme Sandeau, par exemple, est heureux! Le romancier s'en va où il veut; il a toute l'année pour faire ses deux volumes. L'ouvrage fini, il touche ses trois mille francs; *et n'est-ce pas tout ce qu'il faut pour un homme de lettres?* Cependant, continua-t-il, puisque le vin est tiré — oh! le plus amer de tous les vins, — il faut le boire! Nous nous verrons ce soir à l'Ambigu et, si vous vous ennuyez dans votre fauteuil d'orchestre, n'oubliez pas qu'il y a toujours une place pour vous dans ma loge. Car écouter en compagnie d'un vieux critique, depuis longtemps dressé à écouter, c'est déjà un bon exercice, qui vous rendra l'esprit encore plus net et plus rapide.

Le soir, au théâtre, je vis de loin que Mme Jules Janin n'était pas venue, que le maître avait avec lui deux amis seulement, et je profitai de l'aimable permission qu'il m'avait donnée, pour aller le rejoindre. Pendant les entr'actes, il nous parla de toutes sortes de choses parisiennes et aussi de la pièce qu'on jouait.

— Ah! disait-il, c'est un très bon mélodrame, plein d'ignorance et de passion, comme ceux que composait jadis avec une habileté si ingénue le savant Guibert de Pixérécourt! et je me réjouis d'avance en devinant, comme tout à l'heure, la vertu de Mlle Naptal sera récompensée, après avoir souffert mort et passion! Mme Émilie Guyon, dont les jeunes voyous parlent amoureusement dans la Rue Basse, a l'air d'une médaille syracusaine, et je la voudrais tout de suite à la Comédie-Française, où elle arrivera certainement, par rang d'ancienneté. M. Albert n'est pas précisément beau; mais les R roulent dans sa bouche comme des tonnerres, et avec son fauve visage d'Arabe et ses cheveux crépus, il est l'homme universellement adoré. Quant au bon Saint-Ernest, la grêle sur ses joues est une beauté de plus, comme chez la Vénus de Milo ; il est posé sur ses jambes comme une citadelle ; il a le feu, il a le *chien* et il maudit et bénit sans être jamais plus las que l'ouragan et la tempête ; c'est un solide comédien. Mais quel malheur qu'il y ait tant de barbarismes et de solécismes et de fautes de français dans cet excellent mélodrame ! Je l'ai pourtant dit au directeur, moyennant trente francs pour chacune de ses comédies, je me chargerais de lui nettoyer tout ça, de lui mettre en tas ses mauvaises herbes, et de lui rendre sa pièce nette et propre comme un parc où le jardinier a passé. Hein ! mon enfant, continua le maître en s'adressant à moi, ce ne serait pas trop cher, six francs par acte !

Cependant, le spectacle était fini ; le peuple, comme un flot délivré, s'était dispersé sur le grand boulevard ; les deux amis de Jules Janin lui avaient dit adieu à la porte du théâtre, et nous revenions à pied, lui et moi, sous la belle nuit claire éclatante de blanches étoiles. Sans rien dire, nous suivions la longue rue Saint-Denis, en savourant la volupté du profond silence parisien, dans lequel on devine tant de sommeils, tant de repos vite dévorés, tant de murmures, parmi le peuple des travailleurs, des marchands, des ouvriers, de tous ces forçats pleins de courage qui, au matin, s'éveilleront, affairés, comme une ruche frissonnante. Le maître ne me parlait pas ; il murmurait à demi-voix je ne sais quoi, sans doute une de ces vagues musiques flottantes qu'il avait le don d'imaginer pour s'enchanter lui-même. Cependant, quand nous fûmes arrivés vers le quai, regardant la verte Seine qui roulait dans son eau des rubans d'argent éclaboussés de diamants, il sortit de son rêve, et comme répondant à quelque chose que je n'avais pas dit :

— Oui, mon enfant, s'écria-t-il, vous avez parfaitement raison ; feuilletoniste du lundi, il n'y a pas de plus beau métier au monde ; car dans ce rez-de-chaussée du journal qui est à nous, ne régnons-nous pas comme un roi, maître dans son domaine, qui peut à son gré faire éclater les trompettes triomphales ou respirer pensivement une fleur écarlate ? Là, tout est à nous, le sable d'or et les roses, les paysages, les hommes et les femmes, les bouffons et les Dieux, les colères et les chansons, et tous les enivrements, tous les cris furieux de la Lyre. Quelle immense joie d'artiste, créer un enchantement dont le premier venu peut se délecter à son gré, mais dont nul ne devine les ressorts compliqués et délicats ; car, en cette affaire, le musicien luimême est son unique juge et, pareil à un Paganini, peut seul comprendre l'effroyable difficulté des prodiges qu'il réalise. Mais, jeune homme, vous qui faites déjà un peu de prose, pas tout à fait sans le savoir, avez-vous suffisamment compris ce qu'est un feuilleton ?

— Hélas ! dis-je timidement, je crois bien que je n'ai encore rien compris, et que je fais naïvement ce que je peux, c'est-à-dire rien du tout !

— Ah ! reprit vivement Janin, si j'avais le temps et la volonté de former un écolier, je lui dirais : Jeune feuilletoniste, figure-toi avant tout ceci : l'important pour toi, ce n'est pas la comédie qu'on a jouée, ni le ballet qui se déroule comme une frise éperdue, ni le mélodrame qu'on a hurlé : c'est ton œuvre personnelle. C'est surtout et uniquement ton propre feuilleton, qui doit être composé comme un poème, vivant comme une page d'histoire, envolé comme une ode, et qui, pareil à tout ce qui, en art, est vraiment beau, doit être un effort d'amour ! car lorsque tu es lu par le bourgeois d'un pays perdu, par la jeune fille d'une petite ville lointaine, qui ne savent rien de la comédie qu'on a jouée et ne la verront jamais, tout en semblant leur parler de cette comédie, il faut que tu leur parles de ce qui les touche, de ce qui les transporte, de ce qui est leur intime et secrète pensée. Cependant, il faut qu'en ta prose, variée, diverse, ailée, tantôt bouffonne et lyrique, toujours amusante, le spectateur parisien qui a vu la pièce retrouve, non pas une impression générale et vague, mais la sienne propre, et, qu'il soit Gobseck ou Rubempré, sente que c'est lui qui pense et qui parle !

Quant au poète, il doit retrouver dans ton feuilleton, non pas ce qu'il a fait, mais ce qu'il avait voulu faire ; car c'est toi qui dois dégager son diamant enfoui dans la gangue, et le faire victorieusement resplendir. Songes-y bien, ta symphonie, toujours muée et transfigurée selon ce qu'elle veut peindre, doit être pourtant faite d'une seule étoffe, et c'est là ta gloire, de passer sans sursaut d'un sujet à un autre, sans qu'on puisse même soupçonner l'effroyable gambade. Car, si tu as à évoquer dans le même feuilleton Andromaque et Robert Macaire et Jocrisse, il faut que ce soit sans dissonances et que tout se mêle et se pénètre ; et tandis qu'Andromaque supplie la farouche Hermione, il faut qu'on entrevoie le sourire ironique de Robert Macaire et sa culotte rouge, et qu'aux sanglots de la reine troyenne se mêle le bruit que fait Jocrisse en cassant les piles d'assiettes, et en laissant tomber maladroitement la montre de M. Duval.

— Et puis, dis-je, il faut ressusciter les grands poètes morts, juger les acteurs et les actrices...

— Non, dit vivement Jules Janin, tu ne jugeras point. Maître dans ton feuilleton, tu disposes des grands morts, et tu as le droit de les faire parler et agir, comme un Homère ses Dieux ; tâche seulement d'être brûlé par la flamme de leur esprit, et que leur souffle entre dans ton âme. Mais que parlais-tu des acteurs ? Il n'y a pas d'acteurs. Pour toi, ils ne sont que les personnages de ta propre comédie ; c'est à toi de les pétrir et de les façonner, et c'est toi qui dois inventer la voix de cristal de Mlle Mars et grandir le nez d'Hyacinthe comme une tour de Babel, et faire s'élancer la bouche avide d'Odry, de façon qu'on ne sache pas s'il veut mordre son nez camard, ou dévorer les étoiles.

— Mais, dis-je, lorsqu'il s'agit du talent des actrices...

— Hein ? dit Janin, abasourdi, qu'appelez-vous le talent des actrices ? Elles sont belles où elles ne le sont pas. De toute manière, elles ont droit à notre adoration, et nous ne devons ni être amoureux d'elles, ce qui serait stupide, ni prendre une fleur pour les fouetter, ni même pour les caresser. Laides, ne devons-nous pas les consoler par notre silence, ou même, si elles l'ont mérité par leur grâce et leur bonne humeur, leur faire généreusement cadeau d'une beauté idéale, comme, en son immortelle figure de marbre, le statuaire Houdon a récompensé l'esprit de Voltaire, en lui faisant cadeau d'une chevelure ? Si, au contraire, elles sont belles comme la nature des choses exige qu'elles le soient, leur beauté est une chose si supérieure à leur talent qu'elle doit être avant tout célébrée et chantée. Ton sujet, ton merveilleux thème, c'est la Femme ; que la comédienne, si elle a le bonheur d'être une femme, soit pour toi ce qu'étaient pour Horace Glycère ou Chloé ou Néobulé, un prétexte à faire vibrer tes odelettes et tes odes. Surtout sois moderne, car tout ce qui vit est moderne, Homère plus que Pigault-Lebrun et Aristophane plus que M. Scribe ! Ce qu'il y a d'intéressant dans Mlle Rachel, c'est que dans sa bouche de feu, dans sa poitrine frémissante, les passions de Phèdre et d'Hermione sont effroyablement modernes. Mlle Rachel est de toutes les Parisiennes celle qui sait le mieux se draper dans un châle et relever à point sa robe, en marchant d'un pied léger sur le trottoir. Aussi, dans ton feuilleton, ce ne doit pas être Mlle Rachel qui joue Ériphile; ce doit être Ériphile qui joue Mlle Rachel, sujet bien autrement important et intéressant! Et quand cette princesse se désole d'être dédaignée par le sauvage Achille, après avoir été ravie par lui dans Lesbos enflammée, à la mélancolie de sa jeunesse, on doit sentir que cette grande Parisienne, si élégante mais encore un peu maigre, a chanté à la porte des cafés en pinçant de la guitare...

— Mais, dis-je, il faut alors savoir boire la mer et décrocher les étoiles, et pour faire le moindre feuilleton il faut du génie...

— Certes, dit Janin, et Balzac n'a jamais dit autre chose. Ne devez-vous pas, comme Liszt, savoir jouer de tous les pianos ? Oui, à Paris, où les amateurs ne sont pas tolérés, il faut du génie pour tout, pour manger, pour ne pas mourir, pour être une prostituée dans la rue Maubuée, et pour vendre sur un éventaire des pipes en sucre d'orge rose. Mais, sans cela, où serait le plaisir ?

VI

QUAI VOLTAIRE

A Edmond de Goncourt.

Un flâneur digne de ce nom, car il a flâné près des monuments brodés de l'Inde et sur les monts de glace où gravissait l'idéale Séraphita, et dans les forêts de fleurs de l'Amérique, prononça un jour devant moi une parole dont je fus infiniment frappé.

— S'il n'y avait pas le quai Voltaire, disait-il, tous les pays et toutes les villes sans exception me plairaient autant que Paris, et il me serait absolument indifférent d'habiter ici ou là ; mais je préfère Paris à tout au monde, et je ne le quitterai plus jamais, parce que le quai Voltaire existe !

Le flâneur avait raison et, pour qui sait vivre par la pensée et par l'intelligence, ce quai est en effet le paradis. En s'y promenant, on a sous les yeux le plus beau décor du monde, la Seine qui se déroule, les ombrages des Tuileries, et, si on tourne les yeux du côté opposé, la Cité et son île où naquit l'immortel Paris. Sur le quai Voltaire, nulle boutique livrée à des commerces vils ; ce qu'on y vend, c'est des estampes qui savent tout, racontent tout, sont l'éclatant résumé de l'histoire universelle ; c'est des meubles précieux et rares d'une grande allure ; c'est des armes, des tapisseries, des joyaux anciens, d'une élégance raffinée et superbe. Au-dessus de ces boutiques, es vastes appartements, d'une hauteur prodigieuse, avec leurs doubles fenêtres, affirment la tranquillité, le luxe princier, le calme dans la richesse. Il est évident que les habitants de ces chambres de palais doivent être heureux matériellement ; mais sans doute aussi sont-ils heureux moralement, car on ne comprendrait pas des passions absurdes et folles se démenant dans ces pompeux et silencieux édifices.

Sur le quai Voltaire, il y aurait de quoi regarder et s'amuser pendant toute une vie ; mais sans tourner, comme dit Hésiode, autour du chêne et du rocher, je veux nommer tout de suite ce qui est le véritable sujet, l'attrait vertigineux, le charme invincible : c'est le Livre ou, pour parler plus exactement, le *Bouquin*. Il y a sur le quai de nombreuses boutiques, dont les marchands, véritables bibliophiles, collectionnent, achètent dans les ventes, et offrent aux consommateurs de beaux livres à des prix assez honnêtes. Mais ce n'est pas là ce que veut l'amateur, le fureteur, le découvreur de trésors mal connus. Ce qu'il veut, c'est trouver pour des sous, pour rien, dans les boîtes posées sur le parapet, des livres, des bouquins qui ont — ou qui auront — un grand prix, ignoré du marchand.

Et à ce sujet, un duel, qui n'a pas eu de commencement et n'aura pas de fin, recommence et continue sans cesse entre le marchand et l'amateur. Le libraire, qui, naturellement veut vendre cher sa marchandise, se hâte de se retirer des boîtes et de porter dans la boutique tout livre soupçonné d'avoir une valeur; mais par une force étrange et surnaturelle, le Livre s'arrange toujours pour revenir, on ne sait pas comment ou par quels artifices, dans les boîtes du parapet. Car lui aussi a ses opinions ; il veut être acheté par l'amateur, avec des sous, et surtout et avant tout, par amour !

Il y a quelques années de cela, on eut de cette vérité une démonstration bien éclatante. Sur le quai seulement et seulement dans les boîtes du parapet, le savant, le regretté Charles Asselineau avait collectionné une bibliothèque inouïe, prodigieuse, où il y avait tout, même et surtout ce qui n'existe pas. Tout le monde le sait car il n'est pas un lettré qui n'ait lu les *Mélanges tirés d'une petite Bibliothèque.* Ce qu'Asselineau cherchait surtout et trouvait, c'étaient les éditions originales des grands hommes de 1830, les Victor Hugo avec les eaux-fortes de Célestin Nanteuil, les romans avec les bois de Tony Johannot, les célèbres inconnus, comme Théophile de Ferrière ! Je n'ai pas à insister sur des trésors dont on peut lire l'énumération dans le catalogue illustre ; mais je ne me rappellerai jamais sans émotion un Balzac complet *en éditions originales* propres, bien reliées, régulièrement classées. Quand on songe aux éditeurs sans nombre chez qui l'auteur de La Comédie Humaine publia ses chefs-d'œuvre ; quand on revoit par la pensée les éditions éparpillées à la suite d'un insuccès, les exemplaires imprimés en têtes de clous sur du papier à chandelle, les volumes à peine finis de brocher et déchirés déjà, tel livre évanoui comme une fumée, car alors il se pouvait que l'ouvrage d'un homme de génie, admiré sur toute la terre, ne fût même pas tiré à mille ; quand, dis-je, on songe à tout cela, il semble insensé et fou de penser qu'il ait été possible de compléter un Balzac dans les éditions originales, et de le tenir à la portée de sa main, sans trous, sans taches, et habillé de reliures solides, élégantes et s'ouvrant bien.

Cela pourtant, Asselineau le fit, comme il fit bien d'autres choses impossibles. Cependant, le feu s'était mis aux *Romantiques* ; les marchands, se regardant comme volés, estimant que la collection du bibliophile avait été rassemblée à leurs dépens, jurèrent qu'on ne les y prendrait plus, que, désormais, pas un *Romantique* ne se montrerait plus dans les boîtes, et que les amateurs qui en voudraient les paieraient beaucoup plus cher qu'au poids de l'or. Ils avaient compté sans les préférences et l'obstination du Livre. Asselineau devint éperdument amoureux, ce qui arrive même aux fins lettrés, et ayant besoin tout de suite d'une grosse somme d'argent, pour suivre une femme *au bout du monde*, vendit sa bibliothèque. Ce que fut son roman, cela importe peu. Mais en revenant, il ne songeait plus qu'aux livres, et cette bibliothèque dispersée, il la recomposa, la refit, aussi belle et complète qu'elle avait été la première fois, uniquement sur les parapets et dans les boîtes !

Ainsi, pour l'amateur passionné et patient, les trésors, sur le quai, ne sont pas si rares qu'on le croirait ; mais s'ils ne lui coûtent pas cher, comme argent, ils peuvent très bien, en revanche, lui coûter la vie. Car sur le quai, du côté de la rivière, la bise féroce produit les fluxions de poitrine les meilleures et les mieux conditionnées. Et n'espérez pas lui résister avec des paletots, avec des pardessus, avec des tricots aux manches de soie. Elle chiffonne tout cela, le dompte et le perce à jour, comme des feuilles de papier à cigarettes. Le seul moyen de bouquiner sur le quai Voltaire et d'y récolter des Elzeviers ou des Cazins sans mourir, c'est d'être enveloppé dans le commode, épais, souple et magnifique *manteau romain*.

Eh bien ! direz-vous, qu'à cela ne tienne ! — Vous en parlez bien à votre aise. Nos tailleurs et nos marchands d'habits ne savent pas ce que c'est, et ils feraient plus facilement un sonnet sans défaut ou un joyau de Cellini qu'un vrai manteau romain. Et notez qu'il serait tout à fait inutile de vouloir en faire venir un ; car on vous enverrait autre chose ! Et d'ailleurs, quand même vous l'auriez, qu'en feriez-vous ? C'est à Rome qu'il faut *soi-même* avoir acheté le manteau romain, qu'il faut avoir appris à s'en envelopper, qu'il faut s'en être servi pour affronter le vent sinistre qui troublait la sombre pensée de Cassius. N'oubliez pas ce meuble indispensable, si vous voulez explorer les boîtes, éternellement pleines de surprises merveilleuses. Cependant, si vous l'avez oublié, tant mieux, car tout simplement vous passerez de l'autre côté du quai, devant les boutiques. Alors, vous contemplerez les meubles de Boule avec leurs incrustations d'étain et d'ivoire, les commodes ventrues aux bronzes hardiment et délicatement ciselés, et les belles horloges sur leurs piédouches, que Victor Hugo continuait à aimer, en dépit de la mode, *et les chandeliers d'or aux immenses rameaux*, qu'il a si bien nommés ainsi, dans un vers fulgurant comme son génie.

Mais surtout, vous pourrez savourer la volupté, l'amusement, l'immense joie de regarder les images, comme un petit enfant. Ah ! ici il n'y a qu'à ouvrir les yeux et à se réjouir. Voici les chefs-d'œuvre de la gravure sur acier et sur cuivre, désormais abolis, les portraits de rois de grandeur nature, les fêtes, les galas, les bals pour les couronnements, avec la floraison des parures et les éblouissements de lumières et de flammes. Voici le grand, l'adorable, le divin Wateau, qui est là, bien mieux qu'à la galerie Lacaze, car cet homme de génie avait vraiment trouvé son graveur, et il est là vivant dans les estampes de ses divertissements, de ses Fêtes Galantes, de ses paysages riants et profonds, où les Eglés et les Silvandres errent mélancoliquement sous les ombrages, au mystérieux murmure des fontaines jaillissantes.

O détestable et abominable malentendu! Marivaux, qui imagina une comédie poétique comme celle de Shakspeare, et puisée à la même source française, a trouvé pour costumier un génie, ce Wateau, qui savait comment doivent être vêtus Silvia et Dorante et Arlequin, et quelle doit être leur délicate et suprême grâce. Pour avoir la comédie absolument divine, il n'y aurait qu'à jouer Marivaux avec les habits de Wateau; cependant, c'est ce qu'on n'a jamais fait, on a préféré embourgeoiser ces poèmes du caprice et du rêve, et pour retourner la proposition d'Edgar Poë, on n'a pas fait cette chose-là, uniquement par la raison qu'elle devrait être faite.

Qu'elles sont précieuses pour l'histoire des mœurs, les images de Boilly et de Debucourt, et les élégantes polissonneries de Fragonard, où l'on voit si bien quelle a été l'importance d'une gimblette! On s'amusera toujours de la robuste et naïve caricature de Carle Vernet et de la merveilleuse qui, mal vêtue d'une robe collante qu'un chien indiscret a déchirée, montre, avec son joli coloriage, une croupe simplifiée comme celle d'une statue antique, et dit, en regardant l'aveugle qui la suit : Ah! s'il y voyait!

Un vrai bonheur, c'est quand on trouve quelques-uns de ces délicieux Gavarni de la toute première manière, qui éclosaient comme des fleurs, dans le temps où il n'était pas encore Gavarni, et où il était déjà le trouveur de la modernité poétique. Car ce grand homme, qui n'est pas mort vieux, a trouvé le moyen de nous donner plusieurs phases d'imagination et de génie, et il était inépuisable comme le flot toujours frais et rajeuni d'une source.

Mais je veux dire un dernier mot sur les parapets et sur les boîtes. Autrefois on y trouvait les inestimables Renduel, les œuvres de Victor Hugo qui était aussi connu que Charlemagne et que le loup blanc avant que ses livres ne se fussent encore vendus ; et que de fois, enfant, j'ai acheté là, au prix de quatre ou cinq sous, les éditions originales de Musset, les *Contes d'Espagne et d'Italie* et *Un Spectacle dans un Fauteuil !* On n'y trouve plus, ni à ce prix là, ni à un autre, ces volumes précieux qui, dans le plus médiocre état, valent aujourd'hui cent écus la pièce. En revanche on y trouve encore quelquefois, rarement il est vrai, ces deux grands poètes du siècle dans les éditions de tous points admirables qu'en publia en 1840 et en 1841 M. Charpentier, père de notre éditeur et excellent ami Georges Charpentier. Les poésies de Musset en un volume, par le choix si heureux du caractère, par leur justification ingénieuse, par leur complète eurhythmie, eurent du succès dans l'univers entier et popularisèrent définitivement et pour jamais le nom du poète de *Namouna*. Puisqu'on avait ainsi trouvé la perfection du premier coup, n'eût-il pas été sage de s'y tenir et d'accepter définitivement ce caractère et cette justification pour les poètes? Non, cela eût été trop simple ainsi, et en conscience, si les beaux livres se perpétuaient avec leur élégance et leurs bonnes proportions, serait-il nécessaire d'en rechercher les vieux exemplaires, et à quoi servirait alors le quai Voltaire, avec ses parapets et ses boîtes?

VII

PREMIÈRES RENCONTRES

Au colonel Aimé Laussedat.

Quand on arrive au bout de la comédie, en réalité très logique, mais en apparence décousue et bizarre, qui se nomme la Vie, il arrive souvent qu'on se rappelle au hasard, à la fois, sans aucune classification ordonnée, les êtres qu'on y a vus jouer les principaux rôles. Il est alors extrêmement intéressant de les revoir, dans le souvenir, tels qu'ils vous sont apparus pour la première fois, impression qui presque toujours devait rester décisive. En général, cette première vision est la bonne, n'étant pas encore gâtée par le raisonnement et par les notions fausses, péniblement acquises.

Pour moi, je m'y tiens, je retrouve mes personnages tels que je les ai vus quand ils étaient encore absolument nouveaux pour moi. Et c'est un des jeux auxquels je m'amuse le plus volontiers, voyant ces figures paraître et s'enfuir sans aucune règle, au gré du caprice impérieux de ma mémoire.

Quand j'ai connu le triomphateur d'aujourd'hui, Alphonse Daudet, il devait avoir l'âge qu'a aujourd'hui son fils aîné. Il était facile de deviner, en voyant ses beaux yeux de femme, pleins d'une volonté virile, qu'il resterait toujours jeune, et c'est certainement ce qu'il fera. Assurément, il était moderne, par la force des choses, et il avait l'air moderne ; mais comme la beauté est de tous les temps, il avait aussi l'air antique, et volontiers on l'eût pris pour un pâtre de Sicile jouant de la flûte au bord d'une fontaine murmurante. En tout cas, il n'y avait pas besoin de prophétiser aussi bien que Calchas, ni d'être grand clerc, pour affirmer qu'avec cette tête chevelue au nez aquilin et aux lèvres de pourpre, on ne ferait jamais une tête d'académicien.

C'est chez Victor Hugo que m'a été révélé l'autre méridional, Gambetta. J'arrivai au moment où on passait de la salle à manger dans le salon. Gambetta, qui donnait le bras à une dame, prononça quelques mots, à la fois pour elle et pour les autres convives. Ces mots, il les disait en parisien, en homme du monde, séduisant comme il l'était, mais aussi en orateur, en conducteur d'hommes, car, quoi qu'il fît pour cela, il ne pouvait éteindre complètement la flamme de son génie. Si jeune et déjà marchant et évoluant dans l'Histoire, il était déjà très pareil à ce qu'est aujourd'hui sa statue d'apothéose.

Avant d'avoir jamais aperçu le prince qui devait être Napoléon III, je le connaissais déjà. Comment? Par une admirable lithographie de Charlet, un complet chef-d'œuvre, qui représentait le prince tout jeune, assis et rêvant au pied d'un monticule. J'avais vu à la porte d'un marchand de meubles de la rue du Vieux-Colombier, entourée d'un méchant cadre, une épreuve de ce portrait, la seule que j'aie rencontrée jamais. Plus tard, j'admirai la fidélité et la sincérité de cette image, et je devinai que l'Histoire ignorerait ce document, le seul qui aurait pu la renseigner sur l'empereur, étrangement destiné à vivre et à mourir inconnu.

A mille ans d'intervalle, le même phénomène qu'avait fait naître la grandeur de Charlemagne s'est reproduit pour Victor Hugo. Certes, il était jeune encore lorsque je le vis pour la première fois chez lui, place Royale, dans le salon qui avait été celui de Marion Delorme; il était jeune; mais de même qu'à trente-cinq ans, le vainqueur des Saxons était déjà pour son armée *l'Empereur à la barbe fleurie*, je vis alors Victor Hugo, et tout le monde le voyait, ayant déjà la noblesse et la majesté de la vieillesse.

Par contre, quarante ans plus tard, bon, affable, simple comme un roi, il avait sur son beau front et dans ses yeux clairs le reflet de souriante jeunesse que jette sur un demi-dieu la prochaine immortalité.

Mes souvenirs se pressent en foule. Un matin, âgé alors de dix-huit ans, je suis occupé à travailler chez moi, rue des Fossés-Saint-Jacques, dans une très grande et unique chambre, située au premier étage. Entre un jeune homme à peu près du même âge que moi, extrêmement beau au visage régulier et rose, orné de favoris droits à l'anglaise, très corrects, et d'une épaisse et soyeuse chevelure d'or. Sa mise, son allure, sa cravate élégante, sa jolie canne, ses gants clairs qu'il semble n'avoir jamais quittés sont d'un jeune homme du monde qui n'a jamais connu les mauvais mondes. D'une voix très douce, harmonieuse, timide, il me dit son nom et ce nom parfaitement inconnu ne me dit rien : c'est Pierre Dupont.

Très Lamartinien alors, il s'afflige de voir les poètes de notre génération discuter l'inspiration angélique et suivre Théophile Gautier et Henri Heine sous les lauriers-roses, au bord des fleuves d'argent, où Léda se pâme éperdue, sous le baiser du Cygne. C'est qu'à ce moment-là Dupont arrive de Lyon et de Provins et voit Paris pour la première fois.

Mais combien peu il tarda à se parisianiser et à être changé et retourné jusqu'aux moelles ! Je le revois, chanteur populaire et acclamé, avec sa barbe en éventail, secouant sa longue chevelure, et la bouche ouverte en O majuscule, chantant et hurlant ses chansons d'une magnifique voix inspirée. Ses traits réguliers n'avaient pas changé de beauté, mais ils étaient animés et parfois convulsés par la passion. C'était une tout autre tête, et elle lui allait aussi bien que la première.

Bien peu de temps après, je suis un soir au théâtre du Gymnase, assis au fond du parterre. On jouait pour la première fois *La Vendéenne*, et la débutante était Mlle Rachel. Je ne me rappelle pas bien si elle fut fidèle à la pensée des auteurs, si elle se montra bien Vendéenne. Et *d'ailleurs je n'ai pas compris*, comme dit Ruy Blas.

En vérité il n'y avait pas de comédie pour moi, à cause de l'impression si vive que me causait la femme. Maigre, laide, — elle qui devint si belle ! — avec un front bombé, un menton pointu, réellement et visiblement pâle sous le blanc du théâtre, il n'était pas difficile de voir qu'elle appartenait à la race des charmeurs et des dominateurs de foule, car tout en elle était peuple, avec une distinction innée, suprême, profondément aristocratique. Comme je sortais de la comédie, j'entends un spectateur dire à son voisin : — Oh ! la femme, ça n'est pas grand'chose ; mais l'homme est fameux ! — L'homme était M. Léon Désormes, qui plus tard joua des petits rôles dans les drames du boulevard, en même temps qu'il tenait une boutique de papeterie. — Elle pourtant, avec ses yeux de braise, creux et enfoncés, qu'elle était déjà parisienne et tragique !

Entre Théophile Gautier et moi il n'y avait pas beaucoup d'années de distance ; mais nous étions surtout séparés l'un de l'autre par sa gloire. Il était déjà un poète très célèbre, quand moi je n'étais qu'un enfant entrant dans la vie, avec cet ardent amour de la poésie qui est resté jusqu'à la fin ma plus vive passion. En ce temps-là, Gautier était, après son maître Victor Hugo, mon autre dieu. *Mademoiselle de Maupin* et *Fortunio*, qui étaient mes classiques, ne quittaient pas ma table de travail ; ils ne l'ont pas quittée encore. Devant moi, sur la muraille de ma chambre, était accroché le portrait du poète d'*Albertus*, lithographié par Célestin Nanteuil, d'après le portrait original dessiné par lui à la mine de plomb que plus tard nous avons pu voir chez Charles Asselineau.

A un dîner de la Société des Gens de Lettres, je rencontrai enfin le grand rhythmeur, et tout de suite je le reconnus, non d'après ce portrait où Nanteuil l'a représenté mince, juvénile, avec une fine moustache et une très longue chevelure et vêtu d'une redingote à brandebourgs ; car son visage était devenu plus plein, il avait un peu raccourci ses cheveux et laissé pousser sa belle barbe ; mais je le reconnus, parce qu'il ressemblait parfaitement au poète qu'il devait être et qu'il était, et surtout aux héros de ses livres. C'était bien Fortunio, jeune, vigoureux, aux belles lèvres rouges, pouvant tendre l'arc de Râma et, s'il l'avait voulu, vider la coupe d'Hercule. Il parla, et je reconnus les éternelles pensées. J'entendis la voix d'un sage. J'admirai alors ce phénomène étrange que je devais admirer pendant bien des années encore. C'est que, bien qu'il fût un homme, aucune bêtise humaine ne pouvait entrer dans la tête de Théophile Gautier. Il était sans doute le fils d'une déesse, qui l'avait trempé dans quelque Styx.

Thomas Corneille n'a-t-il pas trouvé le plus

beau titre qui soit au monde, lorsqu'il a intitulé une comédie : *Le Charme de la Voix !* Pour l'amour de ce titre, qui est un enchantement, j'ai fini par dénicher un exemplaire de la pièce dans l'édition originale et je l'ai fait habiller d'une somptueuse reliure. Et ce titre magique, ce titre évocateur, je me souviens de l'avoir crié deux fois avec enthousiasme ; c'est les premières fois que je vis Coquelin et Sarah Bernhardt. Coquelin tout jeune, presque enfant, c'est au Théâtre-Français, à une répétition. Ses yeux curieux et hardis, sa bouche éloquente, son nez ouvert comme pour aspirer l'air tout entier, son courage, sa fureur, son audace me frappèrent ; on eût dit, et c'était vrai, qu'il voulait s'emparer de tout, dominer tout, être universel, jouer tous les rôles. Mais surtout je fus frappé par sa forte, sonore, harmonieuse, charmeuse, infatigable voix ! Elle eût ravi les ouragans et la tempête, comme Orphée les tigres et les loups.

C'est à l'Odéon que j'ai entendu l'autre voix, celle de Sarah Bernhardt. Belle de cette beauté à la fois grecque et orientale des tragédies de Racine, elle représentait une des jeunes princesses de ce poète, et j'entendis avec une intime et profonde joie une comédienne qui, avec le timbre le plus délicieux, en récitant de beaux vers, semblait parler et parlait sa langue naturelle ! Évidemment, ces deux êtres, elle et Coquelin, avaient été créés, façonnés, tirés de l'argile exprès pour réciter de la poésie. Et plût à Dieu qu'on ait pu les entendre tous les deux en réciter ensemble, dans la même pièce ! Quand leurs voix me furent ainsi révélées, ils étaient, l'un et l'autre, des inconnus : mais ils ont bien pris leur revanche !

C'est ainsi que je m'amuse à me rappeler mes premières rencontres avec quelques-unes des belles figures de ce temps ; et rien de plus captivant que ce jeu, pour celui qui se souvient. Mais, si cela se pouvait, combien cela serait intéressant aussi de savoir ce que d'autres personnes ont ressenti dans des circonstances analogues ; et ne serait-ce pas alors connaître, en réalité, l'histoire universelle ? J'en ai eu un exemple singulier, qui a le mérite d'être original et de ne ressembler à aucune historiette connue.

Dans le canton de la Nièvre que j'habite pendant quelques mois tous les étés, j'avais pour voisine, habitant sa magnifique propriété, une très vieille dame, fille et veuve d'officiers supérieurs. Jeune fille, Mme X... avait été élevée à la maison de la Légion d'Honneur de Saint-Denis. Savante, spirituelle, au courant de tout, ayant habité longtemps Paris, et continuant à lire dans sa solitude les livres, les journaux et les revues, Mme X..., autrefois jolie, et restée belle sous ses cheveux blancs, parlait de tout ingénieusement, délicatement, avec justesse et avec le tact le plus sûr. Cependant, il y eut dans sa conversation une anomalie qui m'étonna au delà de tout. Une fois que devant elle on nomma Victor Hugo, M^{ms} X... s'écria tout à coup d'une voix caressante et comme enfantine : oh ! il est si *gentil!* Et plusieurs fois dans les mêmes circonstances, elle eut la même exclamation inexplicable, qui avait le don de me jeter dans un chaos de réflexions et de rêves.

Gentil! lui, Victor Hugo, ce lion, ce Titan, cet assembleur de nuées, ce dompteur d'hommes, lui grand et terrible comme Tyrtée et comme Eschyle! et Mme X... prononçait ce mot : *Gentil!* comme s'il se fût agi de Chérubin enfant, ou d'un chaton à la fourrure de neige, ou d'un oiseau familier. Eh bien! voici l'explication qui me fut enfin donnée, quand une amitié un peu plus longue me permit d'interroger ma voisine. Une seule fois, vers 1817, elle avait vu à la maison de la Légion d'Honneur, venu pour visiter quelque cousine, Victor Hugo qui ce jour-là, vêtu d'un habit de soie changeante, comme on en portait encore, ressemblait à un jeune Silvandre. Or elle avait eu beau apprendre par les journaux et par la renommée sa gloire, ses triomphes, ses luttes, son exil près de la mer irritée et grondante, Victor Hugo était toujours pour Mme X... ce personnage de Wateau qui lui avait tant plu naguère, et à propos de qui elle avait raison de dire : Oh! il est si *gentil!*

VIII

LIRE BALZAC

A Léon Cléry.

Mme Salvage quitta le hall en même temps qu'Edmond Revest et, ayant pris le bras de ce jeune homme au front d'ange, elle l'emmena avec elle dans une allée ombreuse du parc.

— Monsieur le jeune romancier, lui dit-elle, il se peut que vous manquiez d'esprit, ce qui constituerait un déplorable obstacle à votre carrière.

— Mais, dit Revest, je croyais que la chose dont vous parlez s'apprenait, comme l'escrime et la gymnastique...

— Pas tout à fait, dit Pauline Salvage, car le véritable esprit n'est autre chose que la politesse dans son raffinement le plus absolu; aussi ne va-t-il pas sans les plus belles qualités du cœur. Un Français, digne de ce nom, doit traiter Margot avec le même respect et la même adoration qu'une duchesse. Or, tout à l'heure, vous avez pu blesser une femme, et cela si inconsciemment que vous ne vous en êtes pas même aperçu. Oui, Rose Chatelin était encore là quand M. Tilliel nous a lu dans un journal ce fait divers si émouvant. S'il vous en souvient, il contenait le mot *Courtisane*. Eh bien ! quand ce mot fut prononcé, vous avez très peu, oh ! si peu, imperceptiblement, j'en conviens, mis Rose Chatelin en cause, par un vague clin d'œil. Mais quand même votre malencontreux regard aurait été encore mille fois plus atténué, Rose l'aurait vu ; car une femme, quelle qu'elle soit, a le don de voir tout ce qui la concerne, fût-ce, comme une chatte, dans la nuit noire. Aussi votre tort est-il impardonnable ; car non seulement vous avez été cruel, mais vous avez manqué de modernité et d'érudition récente. Car enfin, qu'entendez-vous par le mot : courtisane ? Où prenez-vous la courtisane ? Apprenez qu'il n'y a pas de courtisane, et qu'il ne peut pas y en avoir.

A ces mots, Edmond Revest sembla interloqué, comme s'il avait entendu Othello nier l'existence des nègres.

— Pourtant, dit-il, Esther. Tullia, Florine, Mme du Val-Noble ! Balzac affirme...

— Oui, dit Pauline Salvage, vous avez lu Balzac, mais pas assez bien, et pas assez ! Autrefois, il y avait deux classes de femmes : celles qui, duchesses ou petites bourgeoises, portaient, du moins à pied dans la rue, des robes simples ; et, d'autre part, celles qui s'affublaient d'étoffes riches et fulgurantes, pour étonner la gloire du

Soleil. Aujourd'hui, au contraire, la simplicité n'a plus rien d'aristocratique, et toutes les toilettes féminines, sans exception, appartiennent à la pyrotechnie. La Reine de Saba pourrait très bien se promener à pied, sur le boulevard, dans son vertigineux costume que Flaubert a si bien décrit en témoin oculaire, et elle serait parfaitement sûre de n'étonner personne. Ce même Balzac, dont vous invoquez l'autorité, a promulgué expressément et excellemment cet axiome : *Toute femme qui possède trente mille francs de rente est une femme honnête.* Or, vous ne l'ignorez pas plus que moi, au prix où sont les robes (et les autres choses), toute femme possède nécessairement trente mille francs de rente, sans quoi il lui serait impossible de joindre les deux bouts, de se vêtir avec n'importe quoi, et elle serait forcée de s'en aller par les rues, costumée comme l'Anadyomène, lorsqu'elle jaillit sur l'écume des flots, sans aucune parure que sa chevelure d'or. Aussi toutes les femmes désormais sont honnêtes, et il n'existe plus d'autres femmes que les femmes honnêtes !

— Ah ! dit Edmond Revest, que d'écailles alors me tombent des yeux !

— Eh bien ! dit Mme Salvage, ramassez-les et cherchez-y des perles ! Et surtout lisez Balzac ! Lisez-le souvent et toujours, pour bien comprendre comme il ne peut vous servir à rien, et comme vous devez vous appliquer à voir et à deviner la vie ! Car de même que cela est arrivé pour Rabelais et pour Shakspeare, son œuvre est debout, forte, superbe, impérissable, et il y reste les Hommes et les Femmes, portant sur leurs visages les caresses et les meurtrissures des Vertus et des Vices, bien que tous ses décors aient été remisés au magasin et bien que ses acteurs soient allés quitter leurs costumes pour ne pas les revêtir de nouveau, avant la vallée de Josaphat.

— Quoi ! dit Revest, à vous entendre, madame, il ne resterait plus rien de ce qui fut la vie, le rêve, les lois, les mœurs, le génie, l'invention, la ruse, la mode, la sagesse, la folie, au temps où Balzac écrivit : *La Comédie humaine* ?

— Non, fit Mme Salvage, rien du tout, et c'est ce qui fait la grandeur de Balzac. Autres temps, autres chansons, comme le dit si bien Henri Heine. Mais pour adorer le second Molière, plus lyrique et plus tendre que le premier, nous n'avons nul besoin de revoir l'époque de 1830, pas plus que nous n'avons besoin de voir Eurydice et de savoir comment elle était faite, pour prononcer avec le ravissement le nom d'Orphée. Ne demandez pas innocemment comment un pays a pu être complètement transformé et transfiguré ! Ce qui nous est arrivé, le voici : Tandis que nous pensions guerroyer contre d'autres ennemis, nous avons été radicalement conquis par l'Amérique, et nous sommes, que nous le voulions ou non, une France américaine. Sachez-le, un vocable n'est jamais prononcé en vain ! Le mot Egalité, ce tout-puissant verbe, a créé un monde nouveau. Quand le Tourangeau prit sa plume, il y avait des religions ; aujourd'hui tous les Dieux, et même Dieu, ont été supplantés par des conceptions scientifiques dont je ne saurais méconnaître la grandeur, et qui ont raison de se montrer intolérantes ; car à une époque où le devoir de tout citoyen est de devenir riche, *il faut un athéisme pour le peuple!*

— Madame, dit Edmond Revest, je suis parfaitement au courant de ce qui se passe ; mais je me figurais que, pendant quelque temps encore, le Roman pouvait faire semblant de l'ignorer. Cependant, puisque vous en savez si long, je veux bien jeter le masque et mettre mon cœur à nu. Moi aussi, je sais que nous avons été américanisés jusqu'aux moelles. Tandis que, dans le Paris de Balzac, le vendeur et l'acheteur, le marchand et le consommateur, l'artiste et l'amateur, le comédien et le spectateur, étaient deux êtres différents l'un de l'autre et distincts ; à présent, au contraire, chacun exerce toutes les professions, achète et vend de tout, pratique tous les métiers et tous les arts, et le négoce de tout est universel, comme, en Amérique, celui du bœuf salé.

Pour prendre un exemple défini, autrefois Joseph Bridau peignait les tableaux, Élie Magus les achetait, et les revendait à des millionnaires, avec un gros bénéfice. Maintenant, celui qui achète les tableaux et celui qui les vend sont le même homme ; pas un amateur de tableaux qui ne soit en même temps un marchand de tableaux ; et si vous le poussiez un peu, il les peindrait lui-même. Vendre des chevaux, des meubles, des bi-

belots, de l'argenterie, des bronzes japonais
constitue un métier qui n'est plus du tout spécial, puisque tout le monde le fait. Où commence
et finit l'écrivain ? Question difficile à résoudre,
car aujourd'hui la littérature peut rapporter
beaucoup d'argent, et tout le monde, avec raison,
veut gagner de l'argent. Encore, du vivant de
Malaga et de Florine, le comédien, méprisé, dédaigné, exilé du vrai monde, se consolait en se
vengeant de ses persécuteurs par l'ironie, par la
parodie, par la sublime grimace de l'esclave.

Mais à quel point nous avons mis le cœur à
droite ! C'est les comédiens qui possèdent l'or et
les grandeurs, tout ce qui ne nous rend pas heureux, à ce que pensait La Fontaine ; et les gens
du monde jouent la comédie dans les salons, pour
railler les tout-puissants acteurs, et leur faire
la grimace. Les seigneurs pensaient qu'un clown
n'est pas leur égal, et ils se sont aperçus qu'ils se
trompaient, en voyant avec quelle facilité les
gymnastes se faisaient adorer ; aussi ont-ils dû
prendre le parti de se faire eux-mêmes clowns,
et de passer personnellement à travers des ronds
de papier. Parce qu'un homme arrache des dents,
en se faisant pour cela donner de l'argent, il n'en
résulte pas du tout que cet homme soit dentiste.
Et si un passant porte écrit sur son chapeau :
C'est moi qui suis Guillot, berger de ce troupeau,
gardez-vous de croire pour cela que ce soit lui
Guillot, et qu'il soit berger d'un troupeau quelconque. Il se peut parfaitement qu'il soit marchand de diamants, ou fabricant de vélocipèdes !

— C'est cela même, dit Pauline Salvage. Ajoutez une chose encore. C'est que la désignation des différents types humains par le costume a complètement disparu dans le monde civilisé. Les tailleurs aussi ont pris au pied de la lettre le mot Égalité et ils costument tous les mortels d'une façon rigoureusement pareille et identique. Il y a encore des Vautrin, des Robert Macaire, des héros du crime qui tiennent la Société en échec, des gendarmes qui les arrêtent, quand ils peuvent, des jurés qui les jugent et des magistrats qui les condamnent, et des bourreaux qui, de temps en temps, leur coupent la tête ; mais tous ces gens-là, criminels, gendarmes, magistrats et bourreaux, sont pareils entre eux, et ont tous la barbe correctement taillée de la même façon.

Le père Grandet, tourmenteur des siens et dévastateur d'une province, existe encore ; comme Rastignac s'écriant : A nous deux, Paris ! comme Nucingen enrichissant ses victimes sans le vouloir ; comme de Marsay restant spirituel dans la politique, et comme Lucien de Rubempré vendant pour quelques millions de sourires : mais ils se ressemblent tous, avec des nuances infiniment subtiles. L'abbé Carlos Herrera, les mouchards Corentin et Peyrade n'ont plus besoin de se déguiser ; et en quoi se déguiseraient-ils, puisque tout le monde est habillé de même et puisque, désormais, tout citoyen est soumis au même dandysme, laïque et obligatoire ?

— Oui, dit Revest, cela prouve en effet comme Balzac est divin, puisque la Société a pu être changée dans chacun des atomes qui la composaient, sans que son œuvre ait cessé en aucune façon d'être éternelle et, par conséquent, actuelle !

Certes, il ne peignit jamais à grands traits, comme Molière, à qui la rigidité imposée à tout un siècle par le jardinier Le Nôtre permit quelquefois de simplifier ses compositions avec une grossièreté sublime. Toutefois, chez l'un comme chez l'autre de ces poètes, les mortels différaient entre eux, par les âges qu'ils avaient. Géronte était vieux ; Valère était jeune ; Arnolphe, ce vieillard de quarante ans, était manifestement plus âgé que la fillette dont il veut faire sa femme. De même, on était autorisé à croire que Gobseck et Nucingen étaient plus vieux que Derville et Rastignac. Nous n'en sommes plus là.

Chacun a, non plus l'âge qu'il paraît avoir, mais l'âge qu'il lui plaît d'avoir. Tout le monde est Josué et, à son gré, arrête le soleil. Tous les argots, celui des voleurs, celui des peintres, ceux des marins, des soldats, ont été mis en commun, et tous les provinciaux, comme tous les Parisiens, depuis le vieux lascar jusqu'à la jeune fille ingénue, parlent la même langue composite. Il s'ensuit que l'intuition et l'observation subtile sont de rigueur pour le romancier, à qui le lieu commun et les classifications toutes faites ne serviraient plus de rien. Oui, tout a changé, excepté peut-être dans la question de l'amour, car...

— Ah ! dit Pauline Salvage, ne parlons pas de

l'amour *à propos d'un livre récent*, comme dit la Revue, puisque nous trouvons là une si bonne occasion de ne pas prononcer le mot : Névrose, et de le laisser à la place où il est si bien, c'est-à-dire : dans les livres de médecine !

IX

LE TÉMOIN

A Émile Zola.

L'exposition spéciale qui, très prochainement, va s'ouvrir à l'École des Beaux-Arts remettra dans la pleine lumière les grands caricaturistes de ce siècle. Parmi ces figures, la plus étrange, la plus inouïe, la plus improbable est assurément celle d'Henri Monnier.

Lui, le premier de tous les hommes, depuis que Prométhée a modelé l'Homme avec de l'argile et l'a animé avec le feu volé, il avait reçu un don surnaturel, excessif, épouvantable, que nul n'avait possédé avant lui, que nul ne possédera après lui. Celui de reproduire, exactement, fidèlement, inconsciemment, la nature, la vie et les hommes TELS QU'ILS SONT. Sans idéalisation, sans simplification, sans choix, sans atténuation possible. Comme un miroir ou comme une fontaine dans les bois réfléchissent et reproduisent les objets.

Mission démesurée et vraiment apocalyptique.

Si Monnier put la remplir, c'est que, dénué, affranchi de tout sens moral, il ne faisait et ne pouvait faire aucune différence entre le beau et le laid, le bien et le mal, le sourire de l'innocence et le vice suprême. Il ne choisissait pas plus que l'eau ne choisit ce qu'elle reflète. Ce qui prouve l'inéluctable ingénuité de Monnier, c'est qu'ayant rassemblé en un volume publié à Bruxelles des scènes de mœurs foncièrement immorales, il espérait obtenir pour son ouvrage une subvention du ministère ! Grâce à l'existence inexpliquée et inexplicable de cet être qui fut le sosie de tout, notre siècle aura dans l'avenir, à travers les âges et au delà des âges, ce que nul siècle avant lui n'a jamais eu : un Témoin.

Ce qu'il y eut de véritablement stupéfiant, c'est que Monnier ne sut jamais ce qu'il était venu faire sur la terre, et après l'avoir fait, n'en eut pas le moindre soupçon. Et s'il ne se comprit pas lui-même, comment aurait-il été compris par les grands hommes qui, vivant familièrement près de lui, admiraient ce qu'ils croyaient être *ses talents* ? Comment auraient-ils pu deviner que, pour Monnier, il n'y a aucune différence entre une pourriture et une rose ? Qui donc l'eût pénétré ? Ce n'est pas Balzac, l'immense idéalisateur qui, prenant dans ses mains, comme un dieu, tout le génie moderne, le versait autour de lui avec un si farouche amour que, dans son œuvre, les portiers même ont du génie.

Ce n'était pas le brillant Gavarni, dont la chair, l'âme, la pensée avaient été pétries avec de l'élégance, et qui savait trouver et créer l'élégance de tout, même des haillons du sage Thomas Vireloque, où grouille la vermine. Ce n'était pas le grand Daumier, poursuivi par les implacables Furies du génie, qui, un fouet à la main, le chassent devant elles. Daumier, de ce crayon lithographique à qui il donnait une âme, a dessiné les bourgeois les plus laids, les plus vulgaires, les plus crapuleusement stupides. Mais, bêtes et prétentieux comme des oies, ils sont cependant investis d'une souveraine grandeur, car ils sont poursuivis par la même Fatalité qui poursuivait Oreste.

Leurs chapeaux de soie à seize francs semblent avoir été déchiquetés en route par le vautour qui mange le foie de Prométhée, et c'est l'ouragan des tempêtes qui s'engouffre dans les pans de leurs redingotes absurdes. Daumier a tout ce qu'il veut, excepté la platitude. Être plat lui est interdit, au même titre qu'à Michel-Ange.

Au contraire, Monnier peut être vide, inélégant et plat avec délices. Supposez une conversation de portières, de bonnes, de dames bourgeoises, durant d'interminables heures, avec des riens, des non-sens, des niaiseries, des paroles vides comme un ballon crevé. Vous avez entendu ce ruissellement des mots, incolores, inutiles, se répétant sans cesse, revenant au point de départ, coulant comme l'eau imperturbable d'une fontaine. Et vous vous êtes dit : Un artiste pourrait-il, s'il le voulait, reproduire de tels discours, sans y changer rien et en respectant leur fastidieux néant ? Assurément non, il ne le pourrait pas. Il craindrait que ses lecteurs ne périssent d'ennui, et surtout il succomberait lui-même à l'ennui et, invinciblement, céderait au besoin furieux de résumer ces vaines paroles et de les raviver par les salutaires violences du style.

Chez Monnier, nulle tentation possible. Elles ne le lassent jamais, elles ne parlent pas trop longuement pour lui, les bourgeoises qui cherchent des appartements, se font des visites, parlent des leçons, du prix de la viande, des nouveautés pour piano, et de toutes les autres horreurs. Ce qu'il y eut de véritablement inouï, c'est qu'en dernier lieu Monnier publiait ces Scènes dans un journal dont les abonnés pouvaient lui fournir ses meilleurs modèles ; cependant ils ne se reconnaissaient pas dans ces peintures abominablement fidèles, dont le peintre lui-même ne comprenait pas la hideuse niaiserie. Ce qu'il pouvait écouter, entendre, répéter sans que le cœur lui levât, est inimaginable. On croit toujours qu'il va se lasser, fléchir, renoncer, donner sa langue aux chiens. Vain espoir ! il est plus infatigable que ses personnages, plus patient qu'ils ne sont prolixes, plus écouteur qu'ils ne sont bavards.

Cette nécessité tyrannique imposée à tout artiste de transfigurer les êtres à l'image de son propre génie, Monnier ne l'éprouve nullement. Il sort de sa peau, il s'écorche lui-même comme Apollon a écorché Marsyas, et il entre dans la peau des êtres divers, aussi naïvement qu'il endosserait un vêtement familier. Non seulement il a montré les vices dans toute l'ignominie de leur platitude ; mais lui seul n'a pas été épouvanté, ni chassé, ni révolté par la vue de ce monstre plus détestable que tous les autres : la Bêtise. Au contraire il lui parle, il la caresse, il la promène tranquillement comme un chien ; il baise, sans tendresse, mais sans dégoût, son mufle épouvantable.

Dans la vallée de Josaphat, quand le dix-neuvième siècle sera appelé à titre d'accusé, il pourrait sans doute se tirer d'affaire, grâce aux dépositions des témoins à décharge. Balzac le montrera ambitieux, superbe, dévoré par toutes les ardeurs, tirant de l'or de son cerveau pour plaire à des duchesses délicates comme de pâles roses. Gavarni attestera qu'il a créé des filles de douleur et de joie, de satin et de fanfreluches, belles comme l'imprévu, et assez spirituelles pour fourrer Satan lui-même dans le sac où Scapin bâtonne Géronte. Dans son immortel pamphlet, qui a les griffes de Juvénal et les ailes de Pindare, Hugo le peindra, ce siècle fabuleux, vautré dans la pourpre et dans le sang, chantant sur des morts mutilés, charmé par des courtisanes fauves au sein nu, et ébloui par des calvacades où Mandrin et Cartouche jouent les rôles des deux Ajax, tandis que sur son habit à boutons de métal Robert Macaire a endossé la cuirasse d'Achille ! Et devant tant de grandeur, de furie, de folie, de drôlerie épique, les Dieux incertains hésiteraient. Mais alors, soulevant la toile, la grande bâche teinte en vert clair, qu'il a jetée dessus, Monnier montrera, tel qu'il est, le marais moderne où grouillent les hydres en miniature, les marquis de Sade minuscules, les toutes petites catins mal maquillées, les Talleyrands microscopiques buvant la boue à petites gorgées; et avec un grand geste épique, il dira, de ses lèvres blêmes s'ouvrant dans son visage exsangue : Voilà l'objet!

Qu'il était pâle ! Son noble visage d'empereur rappelait ceux des plus belles figures romaines; mais il n'avait plus dans les veines une seule goutte de sang, parce qu'il avait donné son sang à tous les êtres qu'il avait tirés de leur juste néant, pour leur donner stupidement l'immortalité. Dans les maisons amies où il avait dîné et où il voulait payer son écot, il croyait parfois faire des *imitations*, comme ces comédiens, qui, d'une façon grossière et très approximative, reproduisent les manies, les tics et les vices de prononciation d'un autre comédien. Il s'agissait bien d'*imitations !* Par une transfiguration magique, formidable, vertigineuse, Monnier était, réellement et jusqu'aux moelles, l'être que son destin ironique l'obligeait à évoquer. Cent fois, j'avais entendu dire par le bon Méry l'histoire captivante du *Chien amoureux de la Modiste.* J'ai encore dans les oreilles sa voix triste, caressante, enrouée, féerique, lorsqu'il prononçait la phrase célèbre : *On voyait bien que ce chien n'était pas heureux !* Après la mort du poète, j'ai entendu Monnier dire cette même histoire, avec la voix, avec les intonations, avec l'âme du grand Marseillais, et c'était une volupté atroce. Car en fermant les yeux, non seulement j'entendais, mais je voyais Méry lui-même à la tête de Kalmouk, avec son cher sourire ami; et en les ouvrant, je retrouvais Monnier, avec son visage de statue, pâle comme un linge.

Chose inouïe, l'invincible forgeron des *Scènes Populaires*, ignorant tout à fait la valeur de son œuvre, dessinée, écrite, parlée, aurait voulu avoir des succès académiques et officiels, par exemple faire jouer au Théâtre-Français une grande comédie en vers? Terre et cieux! en quels vers! Imaginez Attila, après s'être vautré dans le carnage et avoir foulé aux pieds de son cheval la Louve et ses petits, intriguant pour se faire nommer sous-lieutenant dans un régiment de ligne! C'est pourquoi, à la fin, stupéfait, ahuri, désarçonné et, à ce qu'il croyait, n'étant arrivé à rien, Monnier, tout à fait triste, ne comprenant pas du tout pourquoi il était venu au monde, ni pourquoi il s'en allait, fumait mélancoliquement sa pipe dans son fauteuil, étonné de se sentir désabusé, quoiqu'il n'eût jamais été abusé. Connais-toi toi-même, a dit Socrate. Ce philosophe, accoucheur des esprits, en parlait bien à son aise. Celui qui connaîtrait, ou lui-même, ou n'importe qui, ou n'importe quoi, ne serait pas un homme. Il serait un dieu, et au lieu de casser des cailloux ou de faire de la copie, il baiserait éperdument les lèvres frissonnantes et les chevelures diamantées des Étoiles.

X

LE PERRUQUIER

A Jacques Madeleine.

Il y a de cela une trentaine d'années, faisant répéter au théâtre X... une comédie poétique, dont le héros, selon mon désir, devait être, ou du moins sembler parfaitement beau, j'étais allé causer avec l'ouvrier qui crée la beauté des comédiens, c'est-à-dire avec le perruquier du théâtre. Une première conversation n'ayant pas suffi, car j'avais la prétention de montrer un être qui fût à la fois un jeune don Juan et un Chérubin ironique, nous avions pris jour pour une seconde entrevue, et au moment fixé d'avance, je me rendis de nouveau chez le perruquier. La première fois, je l'avais vu malade, pâle, tout à fait exténué ; mais alors il me fit l'effet d'un mourant. Son visage maigre, luisant, où les pommettes se détachaient en rose vif, ses yeux brûlants et humides, ses lèvres blanches sous de trop fines moustaches, sa très longue chevelure naturellement bouclée et se déroulant comme des serpents noirs, son nez osseux au ton d'ivoire jaune accusaient une maladie meurtrière, arrivée à sa dernière période.

Dans son cabinet encombré d'estampes, de volumes in-folio à gravures, de médailles, de bustes, appartenant à l'Antiquité, au Moyen-Age et à la Renaissance, le perruquier, blême et tremblant de fièvre, était assis dans un antique fauteuil de tapisserie au petit point, dont les figures, chaussées de bottines et vêtues d'écarlate, rappelaient celles des Primitifs. Près de lui je vis debout, prêt à prendre congé, un médecin que je connaissais bien, le docteur Jaminet, aimable, souriant, correct, vêtu à la dernière mode, portant sa barbe bien taillée, éveillé comme une potée de souris, Parisien jusque dans les moelles, et spirituel jusqu'au bout des ongles.

— Surtout, mon cher Brûlefer, disait-il, ne vous désolez pas, et ne vous plongez pas dans les idées noires ; car le noir n'est pas une couleur ! Nous avons affaire à une bronchite un peu obstinée ; mais cette bronchite, tous les Parisiens la possèdent ou en sont possédés, et la supprimer complètement serait se déclarer provincial.

— Mais, dit Brûlefer, cela en vaudrait peut-être la peine.

— Allons, dit le docteur Jaminet, vous ne pensez pas ce que vous dites, et vous êtes d'ici, comme les bouquets d'Isabelle et comme le musicien Auber ! D'ailleurs, que vous faut-il pour retrouver une santé de portefaix ? Un court séjour dans le Midi, à Menton ou à Cannes, de l'air, du soleil, un bon régime et, quoi qu'en dise le lieu commun généralement admis, pas trop de viandes rouges. En effet, pour ranimer un estomac affaibli, le rosbeef, sanglant comme un Troyen égorgé, ne vaut pas toujours un bon consommé de volaille, comme savaient les mijoter autrefois les cuisinières de Moulins et de Bourges. Surtout, procurez-vous du vrai bordeaux, celui que les Bordelais ne vendent pas, et gardent pour eux !

— Oui, dit tristement Brûlefer, c'est ce qui veut dire en bon français; phthisique au dernier degré.

— Mais non, dit Jaminet, grâce aux dieux, s'il en existe, vous n'êtes pas phthisique. Très volontiers, si vous le désirez, je vous prêterai de l'argent, que vous me rendrez dans vingt ans d'ici. Et quand vous le seriez, d'ailleurs ! Nous rencontrons tous les jours des vieillards qui, lorsqu'ils avaient vingt ans, jouaient le jeune malade de Millevoye, et qui maintenant sont obèses, pères de famille, et adorés comme Sganarelle. Certes, nous ne guérissons rien, cela va sans dire ; mais la nature guérit tout ce qu'elle veut, et nous ne l'en empêchons pas, car nous ne sommes pas des médecins de Molière ! Au revoir, mon cher Brûlefer ; allez-vous-en le plus tôt possible vers le soleil, et recommandez bien à votre fils qu'il me donne de vos nouvelles.

Lorsque le docteur Jaminet fut parti, Brûlefer resta quelques instants recueilli et silencieux, puis se tournant vers moi :

— Ainsi, me dit-il, c'en est fait de la Poésie et de l'Histoire au théâtre !

Et comme je ne comprenais pas, il ajouta :

— Oui, il y avait deux hommes, grâce à qui l'Histoire pouvait encore persister au théâtre : l'un était Victor Hugo, et le voilà exilé ; l'autre, c'était moi, et je meurs.

Un fugitif sourire erra sur mes lèvres ; je ne pus le réprimer assez vite pour que Brûlefer ne le vît pas.

— Hélas ! dit-il, vous me croyez imbécile, mais non, je ne le suis pas. Je n'ai pas la sotte idée de comparer un perruquier à Victor Hugo, ce qui d'ailleurs ne serait pas plus impertinent que de le comparer à n'importe quel poète. Je me borne à constater deux faits, n'ayant aucun lien entre eux, rapprochés par une simple coïncidence, et similaires, en cet unique sens qu'ils concourent à amener le même résultat négatif. Mais d'abord, m'accordez-vous ces prémisses qu'un personnage historique peut être ressuscité et évoqué à la scène par trois moyens seulement : d'abord, et en première ligne, par la poésie ; secondement, par le jeu de l'acteur, et enfin et en dernier lieu, par la plastique ?

— En effet, dis-je, les trois moyens que vous énumérez me semblent être les seuls qui existent et, pour moi, je n'en vois pas d'autres.

— Eh bien ! reprit Brûlefer, je me fais fort de vous prouver tout de suite que les deux premiers ont tout à fait disparu et nous manquent. Ainsi que me l'expliquait très bien l'illustre comédien

Régnier, destinée à l'origine à être écoutée par des spectateurs choisis, dans une salle très exiguë, une tirade de Racine, par exemple, contient vingt détails, vingt intentions, vingt effets différents qui lui servaient à peindre la figure, l'âme et le caractère de son personnage. La dimension de nos salles et le trouble que cette dimension même apporte dans l'attention du spectateur nous ont forcé à rassembler la tirade, à en faire un tas unique, à en conserver uniquement le mouvement qui concourt à l'action. De sorte qu'en croyant jouer Racine, le comédien se borne à jouer et à servir au public un bon mélodrame du boulevard. Je pense, monsieur, que vous en convenez avec Régnier, et que vous êtes convaincu sur ce point. Reste donc, en tout et pour tout, la plastique seule, qui se décompose en deux éléments très distincts : premièrement, le costume ; secondement, la perruque et les autres postiches.

— Le costume, dis-je, c'est assurément beaucoup.

— Ce n'est rien du tout, dit Brûlefer. On crut à une audacieuse exagération humoristique, lorsque le célèbre acteur Paulin Ménier osa affirmer carrément qu'on n'avait jamais vu, en aucun temps, sur un théâtre, un véritable costume historique digne de ce nom. Cependant, il ne disait rien de plus ou de moins que l'exacte vérité. Outre que s'il fallait reproduire, dans leur réalité, des étoffes qui n'existent plus et des coupes oubliées, tout directeur s'y ruinerait, ces costumes, qui contrarieraient toutes leurs idées acquises, ne seraient pas acceptés par les spectateurs. Une fois, au Théâtre-Historique, dans une pièce d'Alexandre Dumas, on tenta de montrer Catherine de Médicis avec la fraise godronnée aux dimensions colossales, qu'elle portait réellement ; et, en la voyant, les quatre mille spectateurs réunis là furent pris d'un rire si vertigineux qu'ils faillirent tous crever de rire. Mais, monsieur, lorsqu'on fait une pièce qui se passe sous Louis XIII, emportez avec vous au théâtre une des gravures d'Abraham Bosse, et comparez ! Vous avez pu voir Mlle Rachel jouer Phèdre et Hermione avec une crinoline, et il vous suffit de monter l'escalier du Théâtre-Français pour voir, dans un tableau devenu documentaire, Talma en Hamlet, affublé d'une redingote de velours à cordelière, et chaussé de bottes à la Souvarow ! Vous pensez que, depuis ce temps, l'art de la costumation a progressé ? Nullement, il a simplement changé de conventions, et il s'accommode aux préjugés des spectateurs de 1856, comme, du temps de Talma, il se pliait aux idées des spectateurs de 1817 ! Le costume, au théâtre, ne peut pas exister et n'existe pas. Pour ressusciter les rois, les héros, les dieux, les capitaines, les conducteurs d'hommes, le théâtre ne sait, ne peut et ne doit compter que sur un seul moyen d'illusion : la Perruque !

— Eh bien, dis-je, parlons perruques !

— Oui, dit Brûlefer, mais parlons-en mieux que M. de Voltaire qui, en s'écriant dans son apostrophe célèbre : Faites des perruques ! supposait naïvement qu'une perruque est plus facile à imaginer qu'une tragédie. Il est vrai que, de son temps, la perruque de théâtre, à la fois pompeuse et frivole, était simplement décorative ; mais ne peut-on pas en dire autant de ses tragédies ? Ses personnages d'*Alzire* ne représentaient pas mieux des Américains (de n'importe quelle Amérique réelle) que leurs perruques ne représentaient des chevelures américaines. Mais, monsieur, nous vivons dans un siècle d'érudition qui a créé la critique historique et religieuse. Nous savons aujourd'hui que le Jehovah des Juifs n'est pas, comme le pensait ingénument Voltaire, une fallacieuse invention des prêtres, et qu'il a été conçu à l'image du désert vide et de l'implacable simoun ; aussi devons-nous nous en souvenir en coiffant Joad ! Après les deux Thierry, après le grand Michelet, après les étonnantes reconstitutions de Théophile Gautier et de Flaubert, ne devons-nous pas avoir l'esprit ethnique, tenir compte des climats, entrer dans la pensée et dans l'âme intime des races ? A présent que l'Egypte, l'Assyrie, l'extrême Orient nous sont connus, et que tous les livres ont été traduits, aurions-nous le droit de faire des perruques aussi dépourvues de couleur locale que les poèmes de Campistron et de Ducis ?

Non, nous devons retrouver la vie, la substance, la qualité de la chevelure, et avec cela, sans rien de plus, renouveler le passé, et du fond de l'Histoire morte arracher des héros ! Voilà ce que vous me donnez : des cheveux morts, du fil, une aiguille, un peu de gomme ; vous me dites : avec cela, fais revivre Xercès, Darius, Nabuchodonosor, Gengis-Kan, Agamemnon, Achille, Périclès, César, Annibal, Pompée, Napoléon, et je le fais ! Je le fais à moi tout seul, et moi seul, c'est tout et c'est assez ! Car réfléchissons un peu, et rassemblez vos souvenirs. Chaque fois qu'on joue une pièce historique, vous lisez dans les journaux et vous entendez dire autour de vous, dans la salle : Comme le comédien X... s'est admirablement fait la tête de Néron, ou d'Oreste, ou de Rodrigue, ou d'Auguste, ou de Sévère, ou de Charles-Quint ! Erreur profonde ; cette tête admirable, si vous la jugez ainsi, c'est moi qui la lui ai faite, avec une perruque et une fausse barbe, et il n'y a rien de plus. Quant à X..., à Y..., à Z..., ils ne se sont fait aucune tête, et ils n'avaient aucun moyen de s'en faire une. Tous les artifices dont ils disposent se bornent à du rouge, à des traits dessinés au crayon ou à l'aquarelle qui sur un visage éclairé d'en bas par la rampe, ont l'air de ce qu'ils sont, de salissements et de barbouillages. Un seul acteur, Charles Fechter, essaya une révolution qui semble énorme, mais qui, en somme, ne convient qu'à des apparitions rapides et à des scènes épisodiques. Il avait inventé de se peindre le visage avec des couleurs à l'huile, par des frottis ou par de larges touches. Certes, un tel procédé peut créer pour un instant la complète illusion ; mais, cachés et immobilisés par la couleur, les muscles ne laissent plus voir les finesses de leur jeu, et nous avons alors affaire non à un acteur, mais à un mannequin.

Non! ne cherchons pas midi à quatorze heures! Le poète et le comédien étant supprimés à la fois et du même coup par le jeu mélodramatique et tout d'action qui a entièrement prévalu, il n'y avait plus et il ne pouvait plus y avoir au théâtre qu'un seul historien : le Perruquier! Eh bien! celui-là aussi disparaît, emportant avec lui Horace et le Cid et le comte Job, et les autres héros. Mais, vous rendez-vous compte de la difficulté qu'il y avait à composer une seule perruque? Supposons que j'aie à vous montrer Achille. Je connais les figures des vases, les fouilles de la Troade, les recherches de Schlieman, le guerrier grec retrouvé tout entier dans son armure. S'il ne s'agissait que de faire vrai, ce serait un jeu d'enfant pour un historien comme moi. Mais il faut que mon héros ressemble à la fois au véritable fils de Thétis, mais aussi au personnage conventionnel de Racine, et aux spectateurs qui le regardent; car telle est l'étonnante et complexe loi d'optique du théâtre, où il faut toujours concilier trois termes, et en dégager une claire et frappante synthèse. Mais tout cela est fini, n'en parlons plus. Je me console en pensant que je vais voir de près les chevelures des Anges, affranchies de la matière vile et entièrement composées de vapeur et de lumière.

— Non, dis-je, monsieur Brûlefer, vous ne mourrez pas, vous continuerez vos si utiles travaux, et pour prendre les choses au pis, si l'historien vous manque...

— Oui, dit Brûlefer, je sais ce que vous voulez dire ; il y aurait aussi un monde à découvrir dans la vie moderne, et il faudrait un historien à la Balzac ! N'est-il pas évident que tous les héros d'Alexandre Dumas fils, Olivier de Jalin comme de Ryons, devraient avoir la barbe rare, les cheveux légèrement crespelés, et frisés naturellement ? Pour coiffer les délicats personnages d'Octave Feuillet, il faudrait une substance plus fine et lisse que les vrais cheveux, et qui cependant ne rappelât en aucune façon les ridicules perruques en soie du prince de Brunswick. Les types de Victorien Sardou doivent tous représenter, comme lui, le jeune général de Toulon, jamais vieilli, et recommençant toujours son siège, avec le même succès. Les héros de Pailleron doivent montrer, comme lui, une belle chevelure, qui pourrait très bien se passer de tout arrangement, et qui cependant obéit à un arrangement savant, pour ne rien laisser à l'imprévu. Tout cela, je me suis donné la peine de l'enseigner à mon fils, qui me succédera.

— Eh bien ?... dis-je, en me levant, pour prendre congé.

— Mon fils, dit Brûlefer, dont alors j'entendis à peine la voix affaiblie, est un assez bon ouvrier mais rien de plus. Il n'a jamais entendu en lui cette impérieuse et irrésistible voix du génie, qui me criait incessamment : **Faites des perruques !**

Après un tel perruquier, c'est bien peu de chose qu'un simple coiffeur et à peine si l'histoire de nos mœurs a le droit de s'en occuper. Cependant il y eut à une époque presque récente un coiffeur qui fut véritablement bizarre, ainsi que le lecteur pourra s'en assurer dans le chapitre suivant.

XI

SARAMAN

A Paul Arène.

Sous la monarchie de Juillet, les locations se restreignaient à des prix qui, aujourd'hui, doivent sembler relativement minimes. C'est pourquoi Saraman, le coiffeur excessif et vertigineux, dont l'outrecuidance était alors un des amusements de Paris, pouvait habiter, rue Laffitte, au premier étage, dans une maison très voisine du boulevard, un appartement aux plafonds élevés, éclairé par de hautes fenêtres, où on marchait sur des parquets décorés d'incrustations de bois divers, imitant la mosaïque. Sur les tables de toilette, couvertes en marbre bleu, jaune ou rouge, étaient fastueusement étalés des peignes, des brosseries en écaille et en ivoire, et des ustensiles de vermeil.

Un journaliste en vogue, qui me témoignait quelque amitié, voulut bien me conduire chez le charlatan célèbre, qu'on n'abordait guère personnellement, à moins d'être illustre, ou très protégé. Je regardai Saraman avec une vive curiosité. C'était un homme trapu, très petit, d'une vigueur formidable, aux longues mains velues, avec des yeux noirs fulgurants, et un visage osseux, à la fois caressant et violent, bleu d'une barbe entièrement rasée. Le coiffeur nous fit asseoir près de lui, sur des chaises couvertes en cuir de Cordoue. En entendant mon nom, dont l'euphonie sans doute lui sembla agréable, il me parla d'une manière à la fois familière et pompeuse, avec le plus aimable sourire.

— Monsieur, me dit-il, vous avez voulu me connaître, et vous avez eu raison, car avant d'accorder sa lyre, il faut avoir quelque chose à chanter. Deux hommes, ce n'est pas beaucoup, mais c'est assez. Ce siècle en aura eu deux, Napoléon et Saraman. Et vous aurez du moins vu Saraman, puisque vous êtes trop jeune pour avoir connu Napoléon.

Ainsi le coiffeur célèbre nous parlait; mais il était resté debout, donnant ses ordres comme un général en chef sur le champ de bataille. Car ses *clercs,* comme il les appelait, se bornaient à nettoyer, à mettre en bon état la chevelure du *client ;* après quoi ils venaient se placer devant le maître qui, après une inspection décisive et rapide, indiquait la façon dont le patient devait être accommodé, selon le caractère et la position sociale qu'il lui connaissait ou lui supposait Ainsi, désignant un homme d'une belle prestance, il dit au garçon coiffeur ou *clerc,* qui attendait :

— Riche financier. Doit être coiffé d'une manière opulente, avec une abondance de cheveux qui donne l'idée d'une fortune inépuisable. S'il n'y en a pas assez, en faire davantage. Les tirer de votre âme.

Puis, désignant un autre *client* :

— Homme à bonnes fortunes. Séducteur autant que le comporte l'époque moderne. Même correctement lissée et frisée, sortant des mains de *l'artiste*, la chevelure doit indiquer, laisser supposer les doigts de femmes qui l'ont embrouillée et caressée.

Puis, montrant un autre, un vieillard :

— Membre de l'Institut, section des Sciences. Faire du désordre avec de l'ordre. Supposer de trop hautes spéculations pour que ce grand mathématicien ait jamais pu débrouiller une tignasse brûlée par le volcan de la pensée.

Nous admirions comme ces indications de Saraman étaient obéies dans leur esprit, avec une rare ingéniosité. Saraman lut dans nos regards notre approbation.

— Oui, dit-il, ces jeunes rapins sont déjà d'assez grands *artistes ;* mais il n'y ont aucun mérite, car ils ont eu la chance ineffable de me voir travailler devant eux, ce qui est tout. Ils sont dans la situation des élèves de Raphaël qui, du matin au soir, avaient pu voir Raphaël peindre, et qui, en somme, peignaient aussi bien que lui, si l'on ne tient pas compte du *je ne sais quoi* et du surnaturel. A l'impossible tout le monde est tenu, telle est mon unique devise ;

quant au possible, je m'en soucie comme de la queue de Cadet Roussel. Je me suis d'ailleurs inspiré du dernier Raphaël que nous possédions encore, je veux dire : de monsieur Ingres. Comme vous ne l'ignorez pas, ce consciencieux artiste exige qu'un de ses élèves puisse dessiner lentement, sans se presser, avec la perfection la plus irréprochable, un homme en train de tomber d'un cinquième étage. Dans le même ordre d'idées, quand un aspirant à la *cléricature* se présente chez moi, je lui tends une brosse à habits, dont les crins, usés et mangés, ont presque disparu ; et, s'il ne parvient pas à friser gracieusement ces restes de crins, à leur donner le tour le plus délicat et le plus suave, je jette cet ignorant dans les escaliers, avec un geste emprunté à l'ancien répertoire ! Faire la barbe avec un rasoir qui n'a jamais coupé et, au besoin, avec le dos de ce même rasoir, tel doit être un des jeux familiers de mes élèves. Et même, pour peu qu'on me poussât, je les induirais à raser les clients avec une cuiller de bois. Mais, monsieur, ajouta le coiffeur, en s'adressant directement à moi, peut-être comptiez-vous avoir recours à mes extraordinaires talents ?

— Oui, dis-je, avec une timidité mélangée d'une certaine audace, j'aurais voulu me faire couper les cheveux.

— Ah ! me dit Saraman, devenu tragique et me regardant avec une compassion évidente, gardez-vous-en bien ; il vaudrait mieux, au contraire, les allonger ! Car vous êtes extrêmement jeune, et vous avez le front orné d'une blonde chevelure apollonienne; mais avant qu'il soit peu, car tel est votre destin, vous aurez le crâne entièrement nu; vous serez chauve comme un escalier de marbre rose, comme une bille de billard, comme une épée nue au soleil. Cependant, je vous accommoderai moi-même, car il est indispensable que vous puissiez dire plus tard : J'ai été jadis embelli et achevé par Saraman. Je vais vous composer une coiffure qui s'accorde à vos aspirations, en exprimant le délire de l'inspiration encore indomptée, et le très mystérieux chatoiement de la Rime.

— Je vous serai, dis-je, infiniment obligé.

Saraman me fit asseoir devant une table de toilette, et commença à peigner mes cheveux. Mais tout à coup, et sans nulle transition, interrompant le travail commencé, il leva les bras au ciel, et se mit à pousser d'amers, d'épouvantables sanglots.

— Ah! s'écria-t-il, comme en proie à une douleur sans bornes, comment lutter contre l'inéluctable Fatalité? Que peut faire un homme de génie comme moi, né dans une époque entachée de vulgarité, et absolument inhéroïque? Je ne peux pourtant pas, même pour élever le niveau moral de mon siècle, supprimer le roi Louis-Philippe!

— Comment cela? dis-je, un peu inquiet.

— Eh! monsieur, dit Saraman, c'est bien simple. Le Toupet, qui comporte des cheveux prétentieusement élevés d'un côté et ridiculement abaissés de l'autre, est la plus plate, la plus sotte, la plus bourgeoise de toutes les coiffures.

Il implique nécessairement le mépris du Beau, l'apothéose de l'Épicerie, et la glorification des marchands de peaux de lapins. Or, monsieur, le roi-citoyen porte un toupet, artificiel il est vrai, mais enfin, un toupet. De celui-là sont dérivés tous les autres, car les exemples venus de haut sont fatalement suivis. Vous m'accorderez bien, n'est-ce pas, que monsieur Thiers écrit comme un sabotier.

— Ah! dis-je, le mot est dur.

— Oui, reprit Saraman avec vivacité, mais juste, appliqué à cet homme d'État! Notre moderne Homère, Châteaubriand, dont les phrases mélodieuses m'enivrent comme un généreux vin, a déshonoré ses magnifiques périodes par des périphrases où il nomme le fusil: *tube enflammé*; cela tient à ce qu'il est coiffé en toupet! Pour la même raison, Lamartine a gâté par des effusions sentimentales les plus superbes élans lyriques, et Meyerbeer a jeté dans ses chefs-d'œuvre des mélodies de montreur d'ours, comme: *O fortune! à ton caprice...* Coiffés en toupet, Auber (si délicieusement français pourtant,) et Casimir Delavigne: aussi voyez ce qu'ils font! Une *Parisienne*, prosodiée comme vous savez: Courons à la victoi—re!

— Mais, dis-je enfin, tandis que Saraman, après m'avoir dépeigné, ne me repeignait en aucune façon, ce siècle est-il donc définitivement condamné?

— Peut-être, dit le coiffeur. Le duc d'Orléans, si sympathique, porte une coiffure dont le haut est lissé comme des cheveux de femme, tandis que la partie inférieure est frisée en boucles, et foisonne. Ce n'est pas sublime, sans doute ; mais tout vaut mieux que le Toupet ! C'est ce qu'on nomme : *la frisure en couronne*, et peut-être cette coiffure prévaudra-t-elle, quand le jeune duc d'Orléans portera en effet la couronne. Mais tout cela, c'est des palliatifs ! Je voudrais voir les visages avec des ornements héroïques, mâles, vraiment virils ! Mais comment pourrait-il encore y avoir de beaux arrangements de cheveux, quand il n'y a plus d'hommes ?

— Oh ! fis-je alors, sérieusement scandalisé.

— Si fait, reprit le coiffeur après réflexion, il y en a un, peut-être, Victor Hugo. Mais hélas ! celui-là aussi est coiffé en toupet ! Et le statuaire David a consacré cet état de choses par un buste colossal qui, malheureusement, sera immortel. Oh ! détruire le toupet de Victor Hugo ! Oui, je voudrais être la bouche de l'ouragan et le souffle de la tempête, pour avoir le droit d'emmêler, de tordre, de rendre à la liberté farouche l'épaisse chevelure qui frémit sur ce front sacré.

— Certes, dis-je, vous avez raison. Mais, monsieur, n'achevez-vous pas de me...

— Non, dit Saraman, je me sens envahi par une trop profonde amertume pour pouvoir m'occuper encore de vos cheveux. Et d'ailleurs, à quoi bon ? Vous n'en aurez plus, dans cinq minutes !

XII

POUR LES FEMMES

A Catulle Mendès.

Pour répondre à ma question, le grand astronome Gaudefroy quitta ses atlas, ses sphères célestes, et interrompit un instant ses profonds calculs.

— Non, me dit-il, quelle que soit la justice possible de ces revendications, pour ma part je ne consentirai jamais à ce que les femmes partagent avec les hommes le droit au suffrage universel.

— Comment ! lui dis-je, trouvez-vous donc que le suffrage de George Sand, par exemple, ne vaille pas celui...

— Pardon, fit le savant, nous ne nous entendons pas. Il me semblerait ridicule que les femmes partageassent ce droit avec les hommes, parce qu'alors les collèges électoraux ressembleraient à ces écoles de village où on élève pêle-mêle, en un tas, les garçons et les filles. Mais je

ne prétends pas pour cela en priver les femmes ;
au contraire, je voudrais le leur laisser exclusivement.

— Hein ! dis-je, stupéfait.

— Oui, dit Gaudefroy, je voudrais que les femmes seules fussent électeurs, ou, pour parler un meilleur français : électrices ! Mon ami, pourquoi le suffrage universel, cet instrument admirable, fonctionne-t-il si mal ? Presque toujours les électeurs choisiraient le candidat qu'il leur faut ; mais comme ils sont hommes, par conséquent faciles à tromper avec des mots et des vocables, on les fait changer d'avis avec les proclamations, avec les affiches, avec les articles de journaux, avec les discours dans les réunions électorales ; en un mot, par le moyen de l'écriture et par le moyen de la parole, on leur fait faire ce qu'ils ne veulent pas.

— Eh bien ? fis-je, de plus en plus intrigué.

— Eh bien ! dit Gaudefroy, avec les femmes, il n'y aurait rien de pareil à craindre. Car, ainsi que vous avez pu le remarquer, de même que les petits enfants, elles ne s'écartent jamais du but proposé ; et, c'est ce qui fait leur gloire, elles sont entêtées comme des mules et comme des Anges. Leur impeccable instinct leur désignerait sans faute le candidat qu'elles doivent élire ; et une fois qu'elles l'auraient choisi dans leurs âmes, vous auriez beau leur raconter l'histoire universelle, rien ne les ferait changer d'avis, et elles ne grouilleraient pas plus qu'une pièce de bois.

— Mais à ce compte, dis-je, croyant terrasser

mon interlocuteur par l'absurde, quel obstacle y aurait-il à ce qu'elles devinssent elles-mêmes des députées ?

— Aucun, me dit Gaudefroy, et je pense qu'elles s'acquitteraient de ce mandat infiniment mieux que les hommes. Car, administrer la richesse d'un pays, c'est absolument la même chose que gouverner un ménage. Il s'agit d'équilibrer les dépenses avec les recettes, d'appliquer l'argent aux usages les plus impérieux ; et nous avons toujours vu que c'est affaire aux femmes. Dites-moi, je vous prie, pourquoi la Chambre est si lente et si embarrassée dans ses travaux ?

— C'est, dis-je, parce que des orateurs bavards font tout à propos des discours inutiles.

— Eh bien ! fit Gaudefroy triomphant, voilà qui me donne absolument raison ; car, par une disposition spéciale de leur nature, qui ne leur permet pas de se taire pour écouter les autres, jamais des femmes réunies ne consentiraient à ce que l'une d'elles parlât longtemps toute seule tandis que les autres garderaient le silence. Ainsi se trouverait éliminé et réduit à néant le plus gros obstacle qui s'oppose au libre jeu des institutions parlementaires. Enfin, cette admirable devise : *Liberté, Egalité, Fraternité*, qui pour les hommes reste toujours inapplicable et purement idéale, pourrait être obéie par les femmes au pied de la lettre. Car elles sont toujours libres, puisqu'elles possèdent le talisman qui subjugue l'or et les consciences, et qui ouvre toutes les portes ; elles sont égales entre elles, puisque, du consentement de tous les siècles, une belle vachère est supérieure à une laide princesse, et elles sont animées du véritable esprit de fraternité, parce que, dès qu'il s'agit de l'autorité et la divinité féminine, elles s'entendent unanimement, comme larrons en foire.

— A la bonne heure ! dis-je ironiquement ; et pendant que les femmes passeront leur temps à légiférer, les hommes sans doute resteront à la maison, où ils s'occuperont du ménage et de la cuisine ?

— Oh ! mon ami, dit Gaudefroy, pas d'enfantillage. Vous le savez aussi bien que moi, aucune femme ne s'occupe de ménage, parce qu'il n'y en a plus ; les hommes n'auront donc nullement à hériter d'une fonction depuis longtemps abolie. Que ferait-on dans les maisons ? L'usage des tentures, des tapis d'Orient, des crépons, des tableaux sur satin, des bibelots divers, a rendu inutile toute tentative d'apprentissage. A quoi bon raccommoder un linge qui coûte bon marché et qui vous sera rapporté criblé de trous, au premier blanchissage ? Enfin, il n'y a pas à surveiller les cuisinières qui, pareilles aux chevaliers errants, n'existent plus que dans la tradition ? Les dernières veulent des robes du couturier, des titres de rentes, quatre jours de congé sur sept, et ne savent pas faire un jus ; à peine sont-elles capables de griller un bifteck ! Vous n'en doutez pas, il faudra vivre à l'américaine, remplacer ces mauvais esclaves par des mécaniques, et, si nous voulons manger du bon, réchauffer sur l'esprit-de-vin les excellentes soupes à la tortue que l'Angleterre nous envoie en boîtes !

— Voilà qui va des mieux, dis-je, piqué enfin de voir que Gaudefroy semblait en quelque sorte avoir raison contre moi. Allez jusqu'au bout, équipez une armée de femmes, et nommez une femme Présidente de la République !

— Mais, répondit Gaudefroy, on y gagnerait à tous égards, car la Présidente serait du moins du même sexe que la République, dont elle devrait être la représentation vivante. Il n'y aurait aucun empêchement à la choisir magnifiquement douée de force et de beauté, et, de la sorte, sa seule vue inspirerait du respect et de l'admiration pour l'idée incarnée en elle. Sa tête, qui, pour la perfection, égalerait les plus nobles images antiques, mais qui en même temps serait d'un type bien français, serait gravée sur les monnaies d'argent et d'or, et naturellement servirait de modèle pour les bustes officiels de la République. Et l'idée démocratique aurait ainsi l'immense avantage d'être traduite, non seulement par un substantif abstrait, mais aussi par une figure visible, exprimant en un clair symbole sa grandeur et sa resplendissante jeunesse. Quant à l'armée dont vous parliez…

— Oui, dis-je, triomphant cette fois, voilà où je vous attends.

— Comme toutes les nobles passions, dit Gaudefroy, la bravoure militaire, l'obéissance enthousiaste, l'appétit de verser son sang, pour les idées supérieures d'humanité et de patrie, vivent dans des conditions particulières. La bravoure, si primesautière et spontanée, a besoin d'être excitée pourtant par les clairons, par les cors, par les panaches, par le tumultueux éclat des sons et des couleurs; et il est doux de mourir dans un tumulte de pourpre et de cuivres chantants, au milieu d'une formidable fête, où les oreilles, les yeux, la pensée furieuse se repaissent de bruits, de concerts et d'éblouissements. Oui, ces galons, ce rouge, ces plumets aident à vaincre, à mourir, à entrer joyeux dans la fournaise; et c'est pourquoi Napoléon leur accordait tant d'importance. Or, les mitrailleuses, les terribles canons Krupp, tous les engins de la guerre moderne nous forcent à équiper des soldats incolores, sans ornements, vêtus de couleurs tristes, qui se confondent avec la terre et avec l'obscurité.

— Mais, dis-je, ces prudentes précautions n'étaient-elles pas inévitables ?

— Sans doute, fit Gaudefroy; mais les couleurs, les pompons et les panaches étant abolis, voilà un instinct vieux comme le monde qui ne trouve plus à se satisfaire, et, habitué à confondre l'idée de splendeur et d'éclat avec l'idée de combat, l'homme, en les voyant maintenant séparées, éprouve un désappointement profond. Or pourquoi ne tenterait-on pas de lui rendre, pour évoquer visiblement tous les héroïques souvenirs, ce qui fut la gaieté triomphale et la splendeur des armées? Il serait très naturel de donner à la Présidente de la République une garde d'honneur, purement décorative, composée de cent femmes. On les choisirait belles, agiles, nullement maigres ni obèses, âgées de dix-huit à vingt et un ans, et toutes d'une taille semblable. Parfaitement exercées au métier des armes, pour unir la décence et la grâce, on leur donnerait un uniforme coupé comme ceux des turcos et des zouaves, mais, comme les habits militaires du temps de Louis XV, brillant des plus belles couleurs des fleurs. Et avec les longues chevelures, rien ne les empêcherait de se coiffer en catogan et en tresses, comme les vieux grenadiers de Napoléon. On ne les enverrait pas à la guerre, bien entendu ; au contraire, après un service de trois ans, on les doterait de façon à ce qu'elles puissent se marier; mais enfin, s'il le fallait jamais pour sauver la République, elles sauraient très bien mourir. Car toutes les femmes sont braves, et mourir est une des choses qu'elles savent le mieux faire.

— Mais, dis-je à Gaudefroy, vous oubliez...
— Quoi ? fit-il. Que la femme est, comme le dit Michelet, une éternelle malade ? Mais, mon ami, vous vous arrêtez là devant une difficulté qui n'embarrasserait même pas un directeur de théâtre ! L'effectif régulier de cent femmes serait représenté, en réalité, par deux cents femmes ; c'est-à-dire que chaque amazone, désignée par les numéros 1, 2, 3, etc., aurait une remplaçante, équipée, et toujours prête à la suppléer, en cas de maladie, ou d'indisposition, ou de simple fa-

tigue. De telle sorte qu'il y aurait deux numéros 1, deux numéros 2, et ainsi de suite. Enfin ces jeunes femmes, paradant ou défilant au bruit enivrant des musiques, apparaîtraient comme une séduisante et magnifique image de la Guerre. Enfin, pour répondre aussi à une objection que vous ne me faites pas, elles seraient vertueuses ; car lorsqu'on a les membres consciencieusement lassés et brisés par la saine gymnastique, on a infiniment plus envie de dormir que de ne pas dormir.

— A la bonne heure, dis-je, et me voilà fixé sur les ingénieux usages que vous faites des femmes. Mais je ne vois pas du tout à quoi vous emploierez les hommes, et je ne vois pas non plus qui se chargera des grandes affaires politiques, exigeant la science, la hauteur de vues, et toute la force active et créatrice d'un génie viril.

— Les hommes ? dit Gaudefroy ; mais ils s'occuperont des arts, des métiers industriels, des recherches scientifiques, et de tout ce qui fait la vraie gloire d'un peuple. Je ne vous parle même pas de ceux qui découvrent des astres, trouvent des formules, peuvent modeler ou peindre des chefs-d'œuvre. Mais, mon ami, un homme qui est parvenu à fabriquer, pour les usages vulgaires, une cruche ou une écuelle d'une forme pure et gracieuse, ne coûtant pas plus de cinq sous, a mieux mérité de la patrie que s'il avait prononcé cent mille discours ! Quant à la grande politique, elle serait façonnée par quelques hommes supérieurs, historiens et philosophes, sachant vraiment les histoires et les dates des révolutions, des traités et des alliances. Quatre ou cinq suffiraient à mener à fin les grandes entreprises; et même, à la rigueur, pour cela il ne faudrait rien de plus qu'un Richelieu ou un Colbert ! Mais, mon ami, laissez-moi maintenant m'occuper de choses utiles, et me mêler à l'harmonieuse et fourmillante vie des Étoiles !

XIII

VIEUX PARIS

A Armand Silvestre.

On lit et on relira l'immortelle *Comédie humaine*. Rastignac, de Marsay, Lucien de Rubempré, la Palférine, Vautrin, Nucingen, le baron Hulot, madame d'Espard, madame de Maufrigneuse, la cousine Bette, madame Marnefte sont des personnages vivants : qui ne les a vus, et qui ne les voit? Il est plus difficile de reconstituer et de se figurer le décor dans lequel ils évoluaient à l'époque où ils vinrent au monde. Les jeunes gens d'aujourd'hui, qui voient leur merveilleuse ville, avec ses ombrages, ses monuments achevés, ses riantes promenades, ses eaux jaillissantes, ses parterres où fleurissent des arbres du Japon et des tropiques, ne peuvent guère soupçonner à quel point Paris était une ville abominable, dans les années qui suivirent mil huit cent trente.

Les Champs-Élysées, aujourd'hui paradis de fontaines et de verdures, étaient un immense et triste terrain, planté de pauvres arbres, sur lesquels il y avait plus de poussière que de feuilles. Dans tout leur long parcours, la poussière grise, obstinée, implacable, vous aveuglait. On menait là, en promenade, les écoliers, consternés par le si affreux paysage, et qui pouvaient se régaler tout leur saoul, car on y vendait des pâtisseries, des fruits et des boissons, assortis à cette féroce nature. Je me souviens même, petit écolier, d'y avoir acheté une canne à sucre. Est-il besoin de dire que, pareille à la réglisse dans le célèbre poëme d'Odry, elle n'était pas sucrée du tout? Dans la voie, aujourd'hui si belle, qui se nommait alors l'Allée des Veuves, les romanciers tuaient un grand nombre de personnes; mais il faut rendre cette justice aux assassins, qu'ils en tuaient encore davantage. Dès que tombait la nuit, les Champs-Élysées, éclairés d'une façon initiale et dérisoire, appartenaient, sans conteste, aux voleurs, et ces mots : La bourse ou la vie! étaient ceux qu'on y entendait le plus communément. Des pirates en congé y faisaient même des razzias de femmes et, après les avoir bâillonnées et liées, enlevaient des jeunes filles, qu'ils allaient vendre, ni plus ni moins que l'empereur Barberousse sur la mer.

Si l'on suivait le quai, jusqu'au Louvre de la Renaissance, ah! quel triste spectacle! Brisées, effritées, mangées par des lèpres, les sculptures avaient disparu ou tombaient en poussière. Le bas des murs, non protégé par des trottoirs, montrait des trous, des plaques absentes, des lacunes désolées ; rien de plus sinistre. On traversait une des arcades ouvertes, et on arrivait sur la place du Carrousel. Combien différente de ce qu'elle est devenue ! Coupée et défigurée par la sombre rue où se trouvait, les pieds dans la boue, le théâtre du Vaudeville, et par l'impasse du Doyenné, formée par des maisons, des masures et des parties inachevées du palais, cette immense place ressemblait à une Babel en délire. Au milieu se dressait, tout seul, comme un mât, l'Hôtel de Nantes, ayant à ses pieds le tombeau d'un élève de l'École Polytechnique, tué à cette place. Sur tout le reste de l'immense terrain, rampaient, couraient, se poursuivaient des échoppes, louées au profit de la liste civile, et dans lesquelles des marchands fabuleux vendaient des armes, des curiosités, des comestibles, des oiseaux, toutes sortes de choses absurdes. C'est là que Baudelaire vit le Cygne évadé de sa cage qu'il a si magnifiquement célébré, et qui le faisait songer à Andromaque !

Dans un des angles de la place, du côté opposé à celui où s'ouvre le Musée des Antiques, c'étaient des boutiques, des ménageries, une accumulation bizarre de constructions en bois, grimpant les unes sur les autres, et parfois atteignant à la hauteur de plusieurs étages. Parmi elles, un de ces établissements dont même le nom anglais est encore un assez vilain euphémisme. Et comme *En telles affaires toujours Le meilleur est de ne rien dire*, je n'en parlerais certes pas, si cet édifice n'eût arboré sur son front, comme enseigne, une peinture dont il faut consacrer le souvenir. Non à cause de sa beauté esthétique, car elle était plus bête que primitive et naïve, mais parce qu'elle avait eu le privilège d'inspirer au grand peintre de mœurs Gavarni une admiration sans bornes. Aussi bien que l'avait permis à l'artiste sa très vague science de la perspective, le panneau était divisé en deux compartiments, représentant autant que possible deux cellules. Dans l'une entrait une jeune femme en toilette de ville, dans l'autre un fashionable paré, selon la mode du temps, d'une énorme cravate et d'un habit au col très bombé et boudiné. Mais ce qui ravissait surtout Gavarni, ce qui, s'il fallait l'en croire, jetait sa pensée dans des abîmes de rêverie, c'était quatre vers, que l'artiste avait tracés sous la double image, et qui étaient censés devoir être prononcés par le jeune fashionable. Voici cette poésie :

> Je ne suis séparé de ma belle infidèle
> Que par la double porte de ce cabinet.
> Je pénétrerais bien ; mais l'argus qui veille
> Me ferait repentir de ma témérité.

Il est bien probable qu'il fallait prononcer : l'*argus-e*. — Après avoir traversé la cour du Louvre, aux vilains toits, au pavage incertain, aux niches vides de statues, on se trouvait en face de Saint-Germain-l'Auxerrois, qui n'avait plus rien d'une église. Une enseigne la déclarait mairie ; ses balcons et ses croisées de pierre avaient disparu, et ses ouvertures étaient bouchées à la diable. A la place des jardins entourant le Louvre et que nous voyons très noblement ornés de tapis de gazon et de grands vases de pierre, il y avait des terrains qui, tout d'abord, avaient servi de sépulture aux morts de Juillet. Au bout de peu d'années, on les avait emportés de là, mais les terrains soulevés, mamelonnés, couverts d'une végétation farouche, étaient encore entourés de palissades en planches cassées et pourries, qui sont, en France, une des figures les plus visibles de l'éternité.

Oh! le Paris, le détestable Paris d'alors, je le revois distinctement dans mon souvenir! Laid de la laideur la plus bourgeoise, sa seule excuse, sa seule grâce, c'est qu'il conservait quelques rares vestiges du moyen âge et des siècles plus récents, et surtout, qu'il ne possédait pas encore ces larges, longues, interminables rues, toutes de Rivoli, où nous sommes livrés sans défense à la bise glacée, au cruel soleil aveuglant, et aux monstrueuses conceptions d'une architecture dont l'insanité fait pleurer les pierres. Elle n'existait pas, cette rue Rivoli par excellence, si commode et si affreusement laide qui, en cinq minutes nous mène du Louvre à la Tour Saint-Jacques. Alors, qu'il fallait traverser de rues noires, fangeuses, inextricables pour y arriver à cette Tour, à moitié inachevée et détruite, à qui manquaient l'Aigle, le Lion, le Taureau et l'Ange et ses fines sculptures! Occupé par une teinturerie, son étage inférieur était barbouillé en vert et en rouge, ce qui produisait un effet assez réjouissant, car en plein air, il n'y a jamais trop, ni assez de vermillon. Quant aux ruelles infectes arrosées par des ruisseaux de boue, où le monument trempait ses pieds las, c'était un quartier de l'enfer. Une de ces ruelles, la rue de la Vieille-Lanterne, avec sa lanterne, ressemblait à une boîte oblongue, à une sorte de cercueil creusé dans la pierre. Je crois que Gérard de Nerval n'est pas venu là avec un chagrin apporté d'ailleurs, mais qu'il s'y est pendu, excité et désespéré par l'horreur même de la rue.

A deux pas de là Notre-Dame, la Notre-Dame du poète, qui attendait encore son Viollet-Leduc, n'avait pas de flèche ; sa rosace était brisée ; elle avait perdu ses portes historiques, ses belles portes rouges. A l'intérieur, ses chapelles, maintenant si bien décorées d'ornements à teintes plates, étaient déshonorées par cet ignoble badigeon qui, jadis, désignait les maisons des traîtres. Depuis bien longtemps, elle n'avait plus les statues de rois, à présent rangées de nouveau entre ses colonnettes. C'est seulement à une époque relativement récente qu'on les a retrouvées dans la rue Copeau (aujourd'hui Lacépède) enfoncées dans la terre, à titre de bornes. Vautrin, Bianchon, Rastignac et le père Goriot pouvaient les contempler tout à leur aise, lorsqu'ils rentraient dîner chez maman Vauquer.

J'ai dit qu'en ce temps-là les Champs-Élysées étaient une promenade atroce. A l'autre bout de Paris, il y en avait une plus atroce encore, où on menait les écoliers en promenade, également pour les amuser. C'était, situé sur l'emplacement qu'occupent les élégantes rues construites derrière Saint-Vincent-de-Paul, un désert sans arbres, sans ombre, sans verdure, où la terre sèche était à peine couverte d'un gazon ras, étiolé, mourant, qui ressemblait à une gale et à une lèpre. Là aussi, une fois la nuit tombée, l'assassinat et le libre *amour* s'en donnaient à cœur joie, et le règne de la Loi y était aussi inconnu que dans les temps préhistoriques. Ce Sahara sans majesté était à ce point dédaigné par le gouvernement et par la Ville, qu'une troupe de nomades s'en était emparée. Moitié bergers, moitié artistes, ces bohémiens avaient construit et décoré eux-mêmes un théâtre de planches et de toiles, où ils jouaient la pantomime pour un public effrayant. Ils possédaient un certain nombre de moutons qui, autour de leur édifice, tentaient de paître l'herbe rase ; et comme ils n'avaient pas à craindre les indiscrets dans cet endroit absolument désert, souvent ils ne changeaient pas de costumes et, pendant la journée, se promenaient au milieu de leurs brebis, habillés en Pierrots et en Arlequins. Naturellement, le théâtre brûla, et le troupeau fut en partie grillé, par la même occasion. Je ne sais si les bergers en utilisèrent le reste. Quoi qu'il en soit, il ne subsista plus rien que les ruines fumantes, car les comédiens et les moutons disparurent.

XIV

L'HABITUÉ

A Emile Bergerat.

Aux époques les plus illustres de la Comédie-Française, il y avait, à ce premier théâtre du monde, un groupe de spectateurs quotidiens, dont quelques-uns persistaient encore pendant une partie du règne de Louis-Philippe. Ces vieillards, — ils avaient toujours été des vieillards ! — qu'on nommait des Habitués, et qui étaient assis sur le devant de l'orchestre, à droite, étaient l'encouragement, le recours et la terreur des comédiens, qui les consultaient respectueusement, et les craignaient comme le feu. Mille fois plus redoutés que les critiques de profession, ils étaient la loi inéluctable. En effet, ils avaient vu tous les comédiens d'autrefois, savaient toutes les traditions, pouvaient réciter par cœur toutes les tragédies et toutes les comédies du répertoire de premier, de second et de troisième ordre, et n'auraient pas laissé passer un effet empirique, ni une intonation douteuse.

Assurément, ils ne protestaient ni de la voix ni du geste ; leur mécontentement se trahissait à peine par un clin d'œil ou par une contraction du visage ; mais ces signes de leur blâme, si discrets en apparence, suffisaient pour que la faute fût irrévocablement corrigée à la représentation suivante. De même que les Habitués étaient infaillibles en tout ce qui concerne l'art de l'acteur, ils étaient aussi extrêmement savants dans l'art de la versification, telle qu'elle fut comprise au dix-septième et au dix-huitième siècles, et toute infraction à l'*Art Poétique* de Boileau était sévèrement réprimée par leur désapprobation tacite. Ce furent eux qui faillirent faire mourir de chagrin le poète tragique Guillard, grand-père, je crois, du Guillard que nous avons connu, parce qu'il avait écrit *cendre*, au singulier, dans une tirade où le sens demandait *cendres* au pluriel, avec un S. Le pauvre homme ne s'en releva jamais complètement et s'éteignit, accablé de remords. Qu'auraient-ils dit, s'ils avaient pu entendre les vers extra-modernes des décadents et des déliquescents ? Mais plutôt ils n'auraient rien dit, parce qu'une telle hypothèse est inadmissible.

Que devenaient les Habitués, pendant le jour ? C'est ce qu'il n'a été donné à personne de savoir ; car personne ne les a jamais rencontrés en dehors de la Comédie et, par conséquent, n'a pu apprendre à quels groupes sociaux ils appartenaient, ni quelles professions ils exerçaient, ni quelles positions ils occupaient dans la vie réelle. Peut-être est-il logique de supposer qu'ils vivaient seulement le soir, revenaient au monde au moment même où on levait la rampe, et qu'ils étaient des êtres surnaturels, produits et animés par la Tragédie classique et par la haute Comédie, qui étaient leurs seules raisons d'être.

Les derniers Habitués de la Comédie avaient cessés d'être vus, pendant les premières années du second Empire, en grande partie parce qu'ils étaient tous morts. Mais ce ne fut pas là l'unique, ni même la principale raison de leur absence définitive. Ils disparurent surtout parce qu'on avait troublé tous leurs souvenirs, dérangé toutes leurs Habitudes, et sans doute que leur peu de fortune ne leur permettait pas de devenir des abonnés ou de prendre des places en location, au prix élevé où elles sont parvenues. Cependant, un des Habitués, un seul, qu'on nommait : Monsieur Cantrol, avait persisté jusqu'à ces dernières années. Il semblait avoir atteint un âge vertigineux et surnaturel ; tout en lui était d'une extrême pâleur, déteint sans doute par l'effet du temps, les yeux, le visage, les vêtements même, envahis déjà par les brumes futures. Toujours on le voyait à l'orchestre, occupant son fauteuil habituel. Comment l'avait-il obtenu ; le louait-il ? Comment pouvait-il se faire que ce fauteuil fût toujours vacant, et prêt pour le dernier Habitué, même aux grandes premières représentations, où chaque place représente un prix inestimable ? Le devait-il à une chevaleresque galanterie de la Comédie, qui eût vu là une occasion d'honorer, dans son expression suprême, le glorieux passé ?

J'ai pensé quelquefois qu'après la représentation, monsieur Cantrol ne s'en allait pas ; que redevenu fantôme, il errait toute la nuit dans les corridors, dans les foyers, sur la scène, et que le lendemain soir, avant qu'on eût allumé le gaz, il revenait s'asseoir à sa place, d'où ensuite, l'ouvreuse et les contrôleurs n'osaient pas le déloger. Cette supposition admise, on pourrait se demander comment il se nourrissait, et ce qu'il mangeait ; mais avec ce système d'investigations rigoureuses, le merveilleux deviendrait impossible, et que resterait-il ? C'est à la suite d'une scène presque violente que monsieur Cantrol disparut subitement, et pour toujours de la Comédie-Française. Le hasard avait voulu que je fusse témoin et sinon acteur, du moins confident ou comparse dans ce drame inattendu ; aussi puis-je le raconter dans sa vérité exacte, et tel qu'il s'est produit.

On jouait *Le Mariage de Figaro*, pour les débuts de cette jolie Félicie Deven, qui passionna Paris et s'évanouit comme un rêve ; car, de même que mademoiselle Ollivier, la première créatrice du personnage sous les yeux de Beaumarchais, elle eut l'ineffable destinée de mourir, sans avoir joué autre chose que le rôle divinement poétique de Chérubin enfant. Elle s'en alla, après cette incarnation presque magique, laissant dans les regards des Parisiens et dans leurs souvenirs la vision même de Chérubin ! Agée de seize ans à peine, elle paraissait avoir les treize ans que le poète réclame expressément pour son page, toute petite, non pas maigre, mais svelte, mignonne, enfantine, avec des yeux de violette, des lèvres roses sans artifice, et une peau si fraîche qu'elle avait pu plaquer, à même, le rouge du théâtre sur ses pommettes, sans l'appuyer sur une couche de blanc. Elle était alerte, gaie, subtile, charmeresse, frémissante d'amour ; elle transporta, extasia le public pendant le premier acte et les scènes du second, qu'elle disait avec infiniment de séduction et de grâce, et cependant, avec une voix parfois inharmonieuse, avec certaines intonations qui paraissaient heurtées, ou manquaient de justesse. Prise, domptée, enchantée, assurément la foule ne s'en apercevait pas ; mais monsieur Cantrol s'en apercevait, lui, ses sourcils se fronçaient, son visage de plus en plus pâlissait arrivait à une blancheur de linge. Ses lèvres, peu à peu décolorées, s'effaçaient, et, enfin, étaient arrivées à n'être plus qu'une ligne brune, comme tracée par la plume d'un calligraphe.

Enfin vinrent les répliques : — *Dès que Madame le veut, modeste auteur ! Je vais l'accompagner.* — *Prends ma guitare.* — Avec la voix de chant la plus jolie, la plus riche, la plus agile, d'une étoffe souple et sonore, avec la science et l'instinct du rhythme, Félicie Deven chanta : *Auprès d'une fontaine (Que mon cœur, mon cœur a de peine !)* et les quatre couplets adorablement enfantins de la romance. A ce moment, la salle en délire croulait sous les applaudissements, les spectateurs étaient transportés, fous ; quant à

M. Cantrol, il était, au contraire, lui, frémissant de colère, il tordait ses bras avec des gestes insensés, et sur sa bouche convulsée moussait une légère écume. Tout à coup, comme n'en pouvant plus, il se leva, s'en alla, sortit, bousculant tout sur son passage, il est vrai sans faire beaucoup de bruit, car plus que jamais il était devenu ombre et fantôme impalpable.

Pour moi, au risque d'aggraver le scandale, je me hâtai pour courir au secours du dernier Habitué, et j'eus grandement raison ; car lorsque je pus rejoindre M. Cantrol dans le couloir, il vacillait, s'affaissait, était près de tomber. Je lui donnai mon bras, et il n'en fut nullement surpris; car si je ne lui avais jamais parlé, il me connaissait et depuis de longues années il me voyait, comme lui-même, écouter avec une admiration passionnée les vers des poètes. Cependant ce vieillard, que j'avais grand'peine à maintenir droit, continuait à exhaler sa colère.

— Ah ! disait-il d'une voix furieuse et presque éteinte, ah ! la malheureuse ! la malheureuse ! ah ! la petite misérable !

— Quoi ! monsieur, lui dis-je, avez-vous quelque raison de penser que Mlle Deven mènerait déjà une conduite légère ?

— Eh ! dit M. Cantrol, *qu'é qu'ça m'ferait ? qu'é qu'ça pourrait m'faire ?*

Car l'Habitué, qui parlait la langue la plus classiquement correcte, consentait volontiers cependant aux contractions, aux ellipses, aux négligences populacières qui charmaient l'aristocratie au dix-huitième siècle.

— Oui, reprit-il, *qu'é qu'ça m'ferait* qu'elle eût des amoureux ! Elle serait ainsi dans son rôle de belle fille. C'est bien autre chose. Mais vous n'avez donc pas entendu ? Ah ! la malheureuse ! la petite malheureuse ! ELLE CHANTE JUSTE ! ! !

— Eh bien ?... demandai-je.

— Eh bien ! Vandale, Welche, Ostrogoth, dit M. Cantrol, ivre de rage, si la voix humaine *parlée* est la musique belle entre toutes, ne savez-vous pas qu'elle n'a et ne sait, ne peut et ne veut avoir aucun rapport avec l'autre art, spécialement appelé : Musique ! Celui qui chante ne parle pas, et celui qui parle ne chante pas. Avez-vous quelquefois entendu un chanteur parler en prose française, et connaissez-vous une plus abominable cacophonie ? Du temps où existaient encore, non les très grandes comédiennes, que nous n'avons plus le droit de nommer, mais ce qui en fut la fin et le reste, Mante, Mars, Anaïs, Desmousseaux qui, dans ce même *Mariage de Figaro*, parlaient avec la plus magnifique justesse, vous les auriez pilées dans un mortier qu'à elles quatre elles ne seraient pas parvenues à chanter : *Au clair de la lune !* Si elles l'avaient essayé, les chats du voisinage auraient miaulé sur les gouttières comme des chats écorchés, et les rats du garde-meuble se seraient sauvés avec des furies d'épouvante ! Anaïs au moment de la chanson : *J'avais une marraine*, tournait carrément le dos, et on voyait très bien qu'elle ne chantait pas. Mais aussi, elle parlait !

Elle savait dire : *Celui qui m'est ôté m'aurait guéri en moins de rien*. Aujourd'hui, au contraire, on parle *comme dans le monde*, et tout le monde chante. Ils jouent tous du piano !

— Mais, fis-je, le piano a du bon...

— Oui, dit M. Cantrol, sous les doigts de Liszt ! Ah ! profane que vous êtes, avec des écailles sur vos yeux ! La Muse est une jalouse, elle admet la seule *parole*, et n'a que faire du hautbois et de la clarinette, ni des chansons. Elle ne veut pas non plus de ces robes de parvenues, faites par des couturiers ; ni de ces sophas, ni de ces poufs, ni de ces tête-à-tête, de ces meubles confortables et hideux, de ces chinoiseries, de ces japonaiseries de bazar, qui font ressembler la Comédie à un bal donné par un mercier révolté, qui se débarbouille avec les plus sales ambroisies ! Oui, la Muse aimait à venir, avec sa très simple robe de grande dame, et à s'asseoir dans les fauteuils un peu fanés et flétris, où se sont assises les vraies duchesses.

Comme M. Cantrol parlait ainsi, vint à passer dans le couloir M. Emile Perrin, avec sa tête intelligente et fine, déjà malade, triste, un peu las. En le voyant, l'Habitué fit un geste d'horreur, s'écarta, se colla à la muraille, comme s'il voulait entrer dedans et, regardant avec une expression de haine l'éminent administrateur de la Comédie :

— Ah ! dit-il, en le désignant de sa main pâle et tremblante, *v'là l' tapissier !*

XV

LA RICHESSE

A Georges Rochegrosse.

Ce que nous nommons Richesse et Pauvreté ne sont évidemment que des conceptions de notre esprit, et ces termes purement abstraits ne représentent rien de réel. S'il n'était par trop simple de retourner comme un gant les propositions généralement admises, on serait très près de la vérité en affirmant que les pauvres seuls sont riches, et que les riches sont nécessairement pauvres ; mais il faut se défier des solutions si élémentaires. La richesse, si elle existait, consisterait à pouvoir économiser de l'argent après avoir fait face aux dépenses nécessaires, ou moins ambitieusement, à réaliser le prodige qui se nomme : *joindre les deux bouts* ; mais, comme cela est de notoriété publique, ce résultat est atteint par les seuls avares. Or, on peut être avare en possédant un seul sou, et même rien ; aussi pour être riche, l'avarice ne suffit pas; il faut en outre qu'on ait le bonheur et qu'on tombe sur une combinaison imprévue de circonstances favorables.

En lisant des fragments récemment publiés des *Souvenirs* de Francisque Sarcey, quel gourmand, quel honnête gourmand n'a connu l'envie et ne s'est senti venir l'eau à la bouche, à la pensée de cette petite ville de Bretagne, où le futur critique, alors universitaire, avait été exilé, et où, au prix mythologique de trente francs par mois, on lui servait à chaque repas des huîtres, des homards fraîchement pêchés et des vraies côtelettes de pré-salé par demi-douzaines? La chambre lui coûtait douze francs, et pour des sous son linge était admirablement blanchi et entretenu, de sorte qu'avec une somme mensuelle de cent francs, il menait la vie d'un nabab. Même en ce temps là, il eût été difficile d'en faire autant à Paris. Mais à Paris, qui est riche?

Par une idée audacieuse et géniale, qui fut vraiment d'un bibliophile, le grand Rothschild avait ordonné, une fois pour toutes, que dans les ventes on achetât pour lui tout volume dont le prix atteindrait à la somme de dix mille francs. Certes rien n'était plus sensé, car il y a gros à parier qu'un livre poussé jusqu'à ce chiffre vaut quelque chose; mais cet ordre restrictif prouvait en même temps la pauvreté du tout-puissant baron. Car s'il était assez riche pour aller jusque-là, il ne l'était pas assez pour aller au delà; il était trop pauvre pour acheter un volume valant onze mille francs, c'est-à-dire aussi pauvre que vous et moi, puisqu'il ne lui était pas permis d'acheter ce qu'il voulait.

Tout récemment, j'étais allé visiter notre célèbre confrère Léo Franciel, qui vend ses romans au même prix que Meissonier vend ses tableaux, et je vis avec chagrin que ses yeux semblaient sérieusement malades. Bien entendu, je cachai avec soin mon impression; mais le grand écrivain se décida de lui-même à me raconter ses souffrances. Il me confia même que le médecin lui interdisait expressément tout travail, sous peine de perdre la vue dans un avenir très prochain.

— Mais en ce cas, m'écriai-je, qui vous force à écrire encore ?

— La pauvreté, me dit-il.

Je regardais autour de moi les meubles vêtus d'étoffes dont les caressantes couleurs font songer au *Cantique des Cantiques* et à l'*Intermezzo*; j'admirais les meubles gothiques formés de petits panneaux aux miniatures sculptées, les bronzes japonais antiques, les ivoires chinois fouillés par les plus héroïques démences, les tableaux de Primitifs éclaboussés de taches écarlates, les livres reliés sur lesquels fleurissaient des dentelles d'or spécialement composées pour eux, ou cartonnés avec des papiers-peigne déchirés dans les in-folio du dix-septième siècle. Je passais en revue les buires d'or, les verres de Murano, les faïences, le Palissy en camaïeu cent fois brisé et raccommodé, le portrait inconnu de la Malibran par Delacroix, et tout le reste.

— Mais dis-je enfin, presque étonné, je vous croyais riche.

— Oui, dit Franciel, je l'ai été, je l'ai été horriblement, mais il y a bien longtemps de cela ! J'étais alors, comme Hernani, *un jeune homme sans barbe et sans moustache encore.* C'est l'époque où le député Couriades, appelé depuis à de si hauts destins, donnait deux cents francs par mois à son secrétaire Maisonnier, pour lui composer ses discours; mais en réalité, c'était moi qui faisais cette besogne politique, moyennant quatre-vingts francs par mois, que me comptait le dit Maisonnier. Ah ! oui, c'est alors que j'ai été riche !

— Avec les quatre-vingts francs ? demandai-je.

— Certes, dit Franciel. J'habitais, sous des tuiles, un cabinet de cent francs, adossé à un corps de cheminée, de sorte que l'hiver j'étais chauffé gratuitement. Dans le toit, une fenêtre à tabatière ouverte sur l'azur; nulle part je n'ai vu, comme par là, de si beaux pans de ciel. J'étais meublé avec luxe. J'avais une table de sapin blanc comme l'ivoire, une chaise de cuisine, une cuvette, un pot de terre, un verre ancien, gravé, sur lequel dansaient des Bacchantes, et une couchette un peu cassée, peinte en gris, sans draps il est vrai, mais sur laquelle s'aplatissait quelque chose qui ressemblait à un matelas. Les discours, comme vous l'imaginez, étaient vite bâclés, car une dizaine de lieux-communs, toujours ressassés, suffisait à cette littérature. Et le reste du temps, je faisais des vers tant que je voulais, dans les plus beaux rhythmes lyriques, dont j'avais sous la main tous les modèles; car je possédais aussi une bibliothèque : trois volumes dépareillés de Hugo, de Ronsard, de Villon, déchirés, dépenaillés, mais recousus et restaurés par mes soins fidèles. Cependant, on ne vit pas seulement d'idéal. Quand j'étais tout rouge et meurtri des baisers de la Muse, je me coiffais de ma casquette, je chaussais mes meilleures pantoufles, et je sortais pour savourer les joies les plus matérielles de la volupté et de la gourmandise. On se rappelle qu'après avoir rangé chaque jour pendant trois heures ses collections d'armes précieuses, un prince très raffiné, lorsque venait le soir, faisait de longues stations dans les meilleures boulangeries viennoises, pour y choisir minutieusement le pain de deux sous qu'il mangerait à son dîner; car pour le choix de ce pain, il ne s'en rapportait ni au Café Anglais, ni à Bignon. Mais, il n'était pas seul à prendre ces soins de Lucullus : nous étions deux. Moi aussi, jugeant avec l'instinct et la science du coloriste, scrutant de l'œil toute la fournée, au besoin même l'interrogeant du bout de mes doigts fins, je cherchais, je sollicitais, j'arrivais à trouver le pain cuit à point, non brûlé et pourtant croustillant, qui semble sorti de quelque four céleste et doré avec de la lumière.

— Ainsi, dis-je, vous étiez deux dilettantes de même force ?

— Non, dit vivement Franciel, il n'y avait en

réalité qu'un gourmand : c'était moi. Car son pain exquis, déniché avec tant de peine, le prince en oblitérait le goût en le mêlant aux mensonges du restaurant, aux ragoûts empiriques, aux sauces incertaines. Tandis que moi, je mangeais mon pain doré tout seul, lentement, délicieusement, en goûtant dans ses plus intimes douceurs la pâte de mousseline. Cependant, comme dit Rabelais, il faut boire. J'avais dans ma poche un verre clissé, et je connaissais les meilleures fontaines, toutes les fontaines ! J'allais de préférence à celle de la rue Servandoni, alimentée, comme on le sait, par une source infiniment pure, et je buvais à tire larigot le meilleur des breuvages. Après quoi j'entrais dans le Luxembourg, je fumais, et j'épuisais les extases de la fumerie, telles que depuis il m'a été impossible de les retrouver.

— Non pas, sans doute, dis-je, avec des cigares à vingt-quatre sous la pièce ?

— J'avais bien mieux que cela, dit Franciel. Car ne pouvant acheter à la fois qu'un paquet de tabac d'un sou et un papier à cigarettes d'un sou, je les économisais plus que le sang de mes veines. C'est seulement à la dernière extrémité, après mon repas fait et le ventre bien plein, que je fumais une cigarette, et comme vous l'imaginez elle était divine. Enfin, c'est à ce moment-là que, sans dégoût, sans rancune, sans regrets, sans brisements affreux, j'ai vraiment possédé des femmes ! A présent que, blanchis à moitié, mes cheveux crépus ressemblent au crin d'un matelas, je puis le dire sans fausse honte, j'étais extraordinairement beau, avec mes grands yeux fous, mes traits d'éphèbe et ma tignasse d'or. Que de fois, regardant avidement mes lèvres de pourpre, les femmes les plus désirables m'ont jeté le coup d'œil décisif qui dit expressément : Prends-moi, je suis à toi si tu veux. Je m'emparais d'elles par la pensée, ne pouvant aller plus loin, et ne songeant pas même à leur montrer ma couchette trop initiale ; mais en réalité ne m'avaient-elles pas appartenu pendant cette seconde où j'étais leur roi et leur maître ?

— En effet, dis-je, mon cher Franciel, je vois qu'en ce temps-là vous avez été extrêmement riche. Mais ne l'êtes-vous donc plus maintenant ?

— Maintenant, dit le grand écrivain, je suis réduit à la dernière misère. Quand nous allons dans le monde, ma femme est forcée de répéter ses belles robes, de leur faire jouer des rôles à tiroir, et c'est à peine si mes enfants sont suffisamment bien déguisés en petits Anglais, quand on les mène promener aux Tuileries. Le boucher et le boulanger sont-ils chez moi payés exactement ? Je n'en jurerais pas. Enfin, j'y regarde à deux fois avant d'acheter, s'il coûte cent écus, un livre d'histoire ou d'archéologie, indispensable à mes travaux. En un mot, en peinant comme un bœuf, je ne gagne pas encore le nécessaire pour ma famille et pour moi. Par exemple, et je le constate avec un certain orgueil, je suis arrivé déjà à gagner pour mes domestiques.

— Comment cela ? demandai-je.

— Eh ! oui, me dit Franciel, vous comprenez bien que ces gens-là ne peuvent pas vivre de la rosée du ciel ! Ma cuisinière est un sujet exceptionnel, car les jours où elle est de bonne humeur, elle sait à peu près faire trois ou quatre plats; aussi dois-je respecter ses vices ! Elle a la loterie dans les veines; mais cette institution étant malheureusement abolie, Catherine joue à la Bourse, par l'entremise d'un homme de paille, ce qui augmente les frais. Mon cocher ne me tue que peu de chevaux, et il est assez rare qu'il écrase les promeneurs; il serait donc parfait, s'il ne s'entendait avec les marchands de fourrages, pour me voler sur le foin et sur l'avoine, dans des proportions démesurées. Mon valet de chambre, qui sait évincer les importuns, faire le calme autour de moi, et nettoyer mon cabinet de travail, sans déranger ni ranger les papiers et les livres, est un don Juan. Comme il me le dit avec raison, il ne peut pas entretenir des femmes avec rien ! Quant à la gouvernante des enfants, une Anglaise qui aurait le droit d'être laide, mais qui, au contraire, charme le regard par la minceur et le pâle visage d'une Ophélie mourante, nous sommes forcés d'avoir pour elle en permanence une cuisine spéciale, où se fricotent des roatsbeefs de trente-cinq livres et des puddings hauts comme les tours de Notre-Dame. Pour les sandwichs au jambon, à la langue, à la pâte d'anchois, elle en consomme plus que le ciel n'a d'étoiles. De plus, tous les jours elle engloutit, chez le pâtissier anglais, une quantité de pâtés chauds, de bouchées aux crevettes et de vins alcoolisés, dont le prix suffirait à nourrir quatre malhonnêtes familles.

— Mais, dis-je, il serait peut-être à propos de prendre ces excellents domestiques, et de les jeter en bloc par la fenêtre. Vous pourriez vendre vos bibelots inutiles, vos voitures, emmener avec vous Mme Franciel et vos chers petits, et vous en aller tous être pauvres dans un appartement de mille écus. De la sorte, à ce que je crois, il vous serait facile d'économiser cent cinquante mille francs par an.

— Extrêmement facile, dit Franciel. Certes, j'aurais pu prendre le parti que vous dites, et même, s'il faut vous mettre mon cœur à nu, j'y ai pensé. Mais j'ai craint l'opinion.

XVI

MAGNY

A Charles Edmond.

Où cela, Magny ? Les provinciaux et les étrangers en voyage, qui chercheront ce restaurant fameux sur le boulevard des Capucines ou sur la place de la Madeleine, ne l'y trouveront pas. Duponchel, ce Parisien acharné, obstiné, ayant, comme Roqueplan, Auber et le docteur Véron, une goutte de *parisine* dans les veines, affirmait qu'il existe seulement deux restaurants où un honnête homme (non voyageur) puisse manger, et pour lui, un de ces deux là était Magny. Je n'y suis pas entré depuis la mort du grand cuisinier qui lui avait donné son nom ; mais du moins, au temps où Duponchel parlait, son admiration était légitime.

Depuis bien longtemps, ou, pour mieux dire, depuis toujours, tous les Dieux ont la coutume de fuir les temples qu'on érige pour eux avec ostentation, où on veut les emprisonner, et de se réfugier dans une crèche, dans une caserne, dans une masure, enfin là où ils veulent. Ni la divine Gourmandise, ni la sainte Buverie ne font exception à cette règle. Magny avait, non pas acheté un fonds, mais avec une rare audace, créé lui-même et fait de rien un cabaret, qu'il logea dans une maison assez laide, faite de bric et de broc, aux chambres exiguës, aux plafonds bas, qu'il embellit peu à peu, sans jamais réussir à la rendre belle.

Cette maison était tout bonnement située dans une rue bizarre et invraisemblable, qui donne d'un côté dans la rue Dauphine, et de l'autre dans la rue Saint-André-des-Arts, et qui, étiquetée aujourd'hui : rue Mazet, se nommait alors rue Contrescarpe. Avait-elle été construite sur un emplacement occupé auparavant par des fortifications? Quoi qu'il en soit, son nom étrange avait inspiré le vaudevilliste Clairville, qui chantait, dans le couplet final d'une revue :

> Depuis que les meurtriers
> Prenn' le nom d'escarpe,
> On augmente les loyers
> Dans la ru' Contrescarpe !

Ce n'est pas le lyrisme de Pindare ; mais il y a à la queue de ce quatrain ce qu'il ne faut jamais dédaigner : un trait final. Par une de ces brutales antithèses que l'Art doit, je crois, dédaigner comme trop faciles, mais que la vie réelle ose se permettre, parce qu'elle fait tout ce qu'elle veut, située au cœur de la rue Dauphine, si vivante, si animée, toujours éclairée, jamais endormie, la rue Contrescarpe était une triste, sale et morne petite rue de province, couchée à neuf heures. Mais voici le plus incroyable. On y voyait, on y voit encore, comme au fond du Berry ou de la Beauce, une *Auberge du Cheval Blanc,* déployant sur la rue un seul étage, avec de hautes fenêtres à la Mansard, avec sa cour carrée encombrée de charrettes, de chariots, de voitures paysannes, couvertes de leurs bâches, autour de laquelle règne une galerie suspendue et couverte, enfin où le capitaine Fracasse et ses camarades errants pourraient venir jouer la comédie. Oh! pour les voituriers, les messagers, les paysans apportant leur blé, quelle joie de trouver une vraie auberge, portant ce nom et digne de ce nom, où ne manquent ni les écuries visibles, ni la porte charretière, ni la terre élevée en talus, pour protéger la muraille contre le choc des roues. En créer d'autres? A part que, vu le prix actuel des terrains, des millions n'y suffiraient pas, une auberge est là parce qu'elle est là, parce qu'elle a persisté ; mais dans une capitale civilisée, on ne construit pas plus une auberge qu'une cathédrale gothique.

C'est dans cette rue fantastique et sombre que Magny sut faire sa fortune, en vendant de bonnes choses, deux points de vue qui semblent s'exclure l'un l'autre. Distingué dans la mesure où il devait l'être, très poli, sans morgue et sans familiarité, d'un bon visage intelligent et spirituel, un peu boiteux, comme lord Byron et La Vallière, il était adoré de sa clientèle, uniquement composée de ces Parisiens d'élite qui savent découvrir les bons endroits, comme les cochons les truffes. Quand un des seigneurs de l'argent ou de l'esprit traitait des amis dans son cabaret, Magny ne manquait jamais de venir plusieurs fois pendant le repas pour s'assurer si tout était bien ; il recevait les éloges avec modestie, mais comme une chose due, et au dessert, ne refusait pas de trinquer avec les dîneurs qui, en réalité, étaient, non des consommateurs, mais des invités ; car lorsqu'un homme, en plein Paris, vous fait bien manger et bien boire, s'acquitte-t-on envers lui avec de l'argent ?

Celui-là avait ses dévots ! La grande George Sand qui, en sa qualité de poète, n'ignorait rien, savait que les vins et la nourriture sont les meilleurs, et peut-être les seuls médicaments. Aussi, dans une longue et cruelle maladie qui faillit lui enlever son fils, elle voulut que Maurice Sand bût uniquement les vins choisis par Magny, et mangeât des mets qu'il eût préparés lui-même. Le bon cabaretier accéda à ce désir de mère, si légitime, et sut composer, pour Maurice, ces consommés exquis et réconfortants, infiniment plus rares qu'un bon poème et même qu'un sonnet sans défaut. Ainsi, médecin impeccable, il évita à un génie la plus épouvantable des douleurs, et nous rendit un artiste ingénieux, un écrivain charmant. N'y eut-il pas dans ce seul acte de dévouement de quoi justifier ses succès ? Car lors même qu'il s'agissait de servir une mère, qui était George Sand ! n'est-ce pas une assez belle chose que de voir un millionnaire se pencher sur les fourneaux, et tenir lui-même la queue des casseroles ?

Magny avait une cave meublée de vrais vins, et c'était un grand cuisinier. Il l'était devenu à l'aide de l'observation, de l'intuition, et poussé par son propre génie. En effet, il n'avait pas lu Carême et les autres maîtres, et, lorsqu'il les lut, ce fut seulement après fortune faite, et lorsqu'il eut formé des chefs capables de lui obéir. Ses débuts avaient été des plus humbles, et il aimait à les raconter. En commençant la vie, il était entré comme laveur de vaisselle, chez le célèbre Philippe, de la rue Montorgueil. Là, quand sa besogne lui laissait quelque trêve, il se glissait dans les cuisines, regardait faire les marmitons, et, non aperçu, étudiait. Il se dressait à imiter, ce qui est le commencement de tout art ; mais, une fois chez lui et à ses pièces, il s'apprit à créer lui-même et à dépasser ses devanciers ; car la seule façon normale d'imiter les maîtres, c'est d'aller d'abord jusqu'où ils sont allés ; puis, au delà !

Magny savait et pouvait réussir, dans la rue Contrescarpe, une matelote, ce qui est plus difficile que de soulever un monde. En effet, ce mets délicieux qui, dans l'Allier, dans la Nièvre et dans les pays de la Loire, se nomme : étuvée, il n'est pas malaisé de le mener à bien dans un grand chaudron de cuivre, brillant comme l'or, suspendu à la crémaillère, au-dessus des flammes d'un grand feu de bois, et dans lequel le vin s'allume, caressé et léché par des langues de feu. Mais en venir à bout sur des fourneaux exigus, au charbon, dans des cuisines qui ressemblent à des placards, n'est-ce pas réaliser l'impossible ? Pourtant, Magny y parvenait, mais en employant des équivalents, en opérant de véritables transpositions musicales, comme lorsque on doit faire exécuter par un orchestre insuffisant une grande symphonie exigeant toutes les voix des cordes, des cuivres, des hautbois et des flûtes, et le roulement des tambours. Après des années, lorsque j'arrivai à connaître beaucoup Magny, il me dit bien son secret de la matelote et il ne tiendrait qu'à moi de le révéler. Je me contenterai de dire que les jus de viande y fournissaient une note importante. Quant au reste, qui cela intéresserait-il, et quel Français s'inquiète aujourd'hui de ce qu'il mange, dans un temps de roastbeefs incuits et desséchés, où on se borne à savourer des cristaux et à dévorer des argenteries ? En nous forçant à dîner à toutes les heures, excepté à l'heure du dîner, les nouvelles mœurs parlementaires ont radicalement détruit la cuisine française, la bonne, la vraie, où les viandes étaient cuites avec du feu.

Deux plats, dans la préparation desquels il ne fut jamais surpassé ni égalé, contribuèrent surtout à faire la réputation de Magny ; ce furent les écrevisses à la Bordelaise, et le châteaubriand. Quant aux écrevisses à la Bordelaise, on les accommode maintenant assez bien dans tous les restaurants de premier ordre. Mais entre *bien* et la perfection absolue, il y a la largeur de l'Océan, et la hauteur des monts Himalaya. En apparence, les écrevisses de Magny ressemblaient assez à celles qu'on prépare ailleurs ; seulement, une fois qu'on avait commencé à manger celles-là, il n'y avait aucune raison pour s'arrêter, et on ne s'arrêtait pas, à moins d'une révolution ou d'un tremblement de terre. Chacun connaît le châteaubriand devenu aujourd'hui populaire, mais dont, à ce que je crois, Magny fut l'inventeur et le créateur. C'est, entouré de pommes de terre soufflées, en beignets, un filet double en épaisseur du bifteck ordinaire, nullement rouge ; mais lorsqu'on y met le couteau, le jus de la viande ruisselle et se mêle à la maître-d'hôtel, de façon à en faire quelque chose d'animé et de vivant.

Je l'avoue, la première fois que j'entendis (il y a belle lurette !) nommer le châteaubriand, je restai profondément stupéfait. En effet, quel rapport pouvait-il y avoir entre l'auteur des *Martyrs* et de l'*Itinéraire* et ce bifteck, si excellent qu'il fût ? Bien que mon métier de poète et d'assembleur de rimes consiste précisément à savoir trouver, tout de suite, entre deux termes quelconques, un rapport ingénieux et saisissant, je me trouvais, en face de cette énigme, complètement désarmé, et bon pour servir de pâture à la Chimère. J'aime Châteaubriand, pour beaucoup de bonnes raisons. D'abord, il a osé être sublime, sans craindre le ridicule ; puis, il a écrit cette phrase, si décisive sous la plume du plus grand de nos prosateurs : Le poète, quoi qu'on en dise, est toujours l'homme par excellence, et des volumes entiers de prose descriptive ne valent pas cinquante beaux vers d'Homère, de Virgile ou de Racine. Enfin, j'aime Châteaubriand, parce que Flaubert l'adorait, s'en saoulait, s'inspirait en le récitant à haute voix. Mais pourquoi ce bifteck ?

Enfin, je n'y tins plus, je voulus absolument le savoir, et j'interrogeai Magny. A ce qu'il m'apprit, le châteaubriand fut baptisé ainsi, parce qu'il avait été inventé sous les auspices de... M. de Chabrillan ! N'est-ce pas là l'origine commune des histoires et des légendes qui, sauf de rares exceptions, sont toutes nées d'une faute de langue ou d'une faute d'orthographe ?

Il y a eu chez Magny, on se le rappelle, un dîner périodique extrêmement célèbre, dont tous les convives, les survivants et les morts, à commencer par Ernest Renan et par le grand Flaubert, appartiennent aujourd'hui à l'histoire. Je n'ai pas connu leur dîner ; mais je les ai tous connus, eux, et je me rappelle, surtout, nettement et distinctement, ceux qui *semblent* ne plus être avec nous.

Je reverrai toujours devant mes yeux, avec sa blancheur nacrée, avec sa lèvre rose, avec sa chevelure et sa moustache d'or pâle, la tête ingénue et pensive de Jules de Goncourt. Dans son regard se mêlait une quantité effroyable d'innocence et de science. Ses doux yeux de gazelle semblaient terrifiés par l'affreux travail sans trêve qu'ils s'étaient imposé, pour voir et pour peindre la vie. Les deux frères de Goncourt qui, ainsi qu'on le sait, étaient, non pas jumeaux, mais nés à quelques années l'un de l'autre, ne se ressemblaient nullement; mais le visage d'Edmond, par une sorte de rappel musical, correspondait exactement et nécessairement à celui de Jules. Tous les deux, avant d'avoir même jamais vu le peintre des *Fourberies des Femmes en matière de sentiment*, étaient nés — des personnages de Gavarni; aussi n'était-il pas étonnant que le Balzac du crayon ait fait, dans leur double portrait, un immortel chef-d'œuvre.

Je n'ai jamais connu un esprit et un œil plus rapides que ceux de Sainte-Beuve. Il lisait en vous comme dans un livre ouvert, et répondait, non pas à ce que vous aviez dit, mais à ce que vous n'aviez pas encore dit, presque à ce que vous n'aviez pas encore pensé. On frémit en songeant que Sainte-Beuve aurait pu ne pas être chauve. Mais grâce aux Dieux immortels, il l'était. En effet, s'il n'avait pas été chauve, il n'aurait peut-être pas eu la calotte de velours noir qui faisait partie de sa physionomie. Ce bonnet, dont le luisant se mariait avec la flamme de ses yeux, le poète des *Rayons Jaunes* le transmuait en autant de figures diverses que Tabarin son fameux chapeau. Il l'appuyait, l'entrait sur son crâne, lorsqu'il voulait affirmer quelque chose; le soulevait un peu, lorsqu'il voulait suivre une pensée ardue; l'ôtait tout à fait, quand il lui fallait plus d'air et de lumière encore. Enfin il le jetait en l'air, comme Nemrod sa flèche, quand il n'était pas d'accord avec le bon Dieu. En effet, bien qu'il se crût parfois athée, — prétention excessive ! ainsi que le constatent les Goncourt, et comme Théophile Gautier me l'a raconté bien des fois, Sainte-Beuve en voulait au grand Statuaire de ne l'avoir pas modelé autrement qu'il n'était, et de n'avoir pas fait de lui un beau capitaine de hussards.

J'ai souvent rêvé, à propos de cet extraordinaire désir. Avec sa prodigieuse intelligence, qui lui avait permis d'être bachelier à treize ans et qui avait fait de lui un des plus grands écrivains du siècle, qui avait pu empêcher Sainte-Beuve de devenir, s'il le désirait, capitaine de hussards ? Et quant à être beau, pour l'être, ne lui aurait-il pas suffi de dire qu'il l'était ; de porter une moustache bien effilée et cirée, et d'être sanglé dans un uniforme ?

Le docteur Veyne avait un beau visage caractérisé, avec de longs cheveux droits, comme ceux du premier consul. Je dois avouer qu'il ne portait aucune espèce de barbe, ce qui est un crime contre la modernité ; mais après tout, un savant est-il tenu à avoir l'air plus guerrier que Bonaparte, Ney et Kléber ? La vie du docteur Veyne fut romanesque et touchante entre toutes. Dans une heure d'amour, de rêve, de passion partagée, une jeune femme entra chez lui, qui devait n'en sortir jamais. Le même jour, elle fut atteinte d'une maladie grave et mortelle ; Veyne la soigna patiemment, amoureusement, la soulagea à force de miracle, lui donna sa vie, et fit d'elle sa compagne. N'est-ce pas une bien belle histoire ?

Veyne était le médecin de Sainte-Beuve, ce qui dut lui donner beaucoup de fil à retordre, car le grand critique, le subtil poète était attaqué de la maladie qui se nomme : avoir fait trop de copie ! Contre cette affection, l'apothicaire n'a pas de drogues efficaces, et les remèdes pour la combattre, ce serait de courir éperdument sur des chevaux échevelés, de faire tourbillonner dans le vertige de la bataille une épée rouge de sang, et de se cuire au soleil d'Orient qui fait éclore les poisons, les serpents et les grandes fleurs écarlates.

Même nostalgie de l'action et de la lumière chez Théophile Gautier et chez Gavarni, qui, ne pouvant pas se mouvoir autant qu'ils l'eussent désiré, ne bougeaient pas du tout, et qui, ne pouvant se rassasier d'une insuffisante lumière, prenaient le parti de fermer leurs persiennes. Les Goncourt racontent que lorsqu'il eut à préparer une étude sur Gavarni, Sainte-Beuve, très peu plastique, ne comprit rien aux estampes, et volontiers prit les ombres portées pour des personnages. Pour ma part, je ne hais pas cette hautaine infirmité. Le génie de l'écrivain n'est qu'une colossale transposition. Ce qui chez les autres hommes est ruse, tactique, adresse, force, légèreté, il faut qu'il le mette uniquement dans le style, qui veut toutes ces qualités, et d'autres encore. D'ailleurs, Sainte-Beuve et Gavarni avaient été pétris de deux argiles par trop différentes pour pouvoir, sans beaucoup d'efforts, se comprendre l'un l'autre, et ils appartenaient à des races plus diverses que le Lapon et le Cafre.

Sous sa chevelure et sa barbe d'or, Gavarni était brillant comme un jeune dieu ; élégant comme un Brummel, il appartenait à cette indestructible aristocratie que la nature recrute comme elle veut, aussi bien chez les ducs que parmi les marchands de peaux de lapin, et tout ce qui est grâce naissait sur ses pas, comme sous les pieds blancs de Vénus, les roses. Comme son compère Théophile Gautier, il était de ceux qui meurent sans avoir pris une note, ou recueilli un document, qui pour voir n'ont pas besoin de regarder, qui reflètent la nature et la vie, aussi naturellement qu'un miroir reflète tout, et dont la Réalité copie les œuvres, bien plus que leur Œuvre ne copie la Réalité. Cependant, quoiqu'il fût doué de cette prodigieuse intuition et de cette puissance créatrice, pouvait-on exiger que Gavarni, pareil à un Alcibiade, comprît la grâce intime et la subtile élégance d'âme qui se cachaient sous l'enveloppe, en apparence bizarre, de Sainte-Beuve ? La légende romantique voulait qu'un peu après 1830 le pseudo Joseph Delorme eût arboré des redingotes vertes et des pantalons jaunes, ce qui pouvait passer pour un crime de lèse bon goût, dans un temps où les femmes affirmaient sérieusement que certaines couleurs *vont* ensemble, et que d'autres couleurs ne *vont* pas ensemble. Depuis que nous avons découvert le Japon (je dis : nous, pour dire : Mme Judith Gautier, les Goncourt et Burty), et que cette découverte a sauvé et renouvelé nos arts plastiques nous savons que toutes les couleurs, toutes les nuances, tous les tons vont ensemble ou, pour parler mieux, se marient sans plus de bégueulerie que les faunes et les faunesses dans la forêt. Nous sommes devenus pas plus difficiles que la nature, qui prend, brouille, mêle au hasard, entasse en tapon et en potées des tas de fleurs, et crée ainsi, pour le plaisir des yeux, la plus enivrante des symphonies.

Pourtant ici-bas tout arrive ; il suffit de persister et de continuer à avoir lieu. J'ai vu, à la fin de sa vie, Sainte-Beuve dans les salons. Il était devenu beau, même selon les idées du monde, avec son visage alors pâli, que relevait magnifiquement le cordon et la croix de commandeur de la Légion d'honneur, et la fameuse petite calotte de velours noir avait pris un aspect hiératique. Ce n'était pas du tout le beau capitaine de hussards, mais c'était infiniment mieux. Car nous ne savons jamais ce que nous devons regretter ou désirer.

Il y eut des Théophile Gautier infiniment variés et divers ; car sans nul effort et en quelque sorte inconsciemment, le poète des *Émaux et Camées* se transfigurait comme le dieu Protée. Pour procéder synthétiquement et pour aller très vite, je dirai qu'il y avait surtout le Gautier en prose et le Gautier en vers. Le Gautier en vers ne se montrait jamais aux prosateurs, et comment se fût-il laissé voir à des prosateurs aussi exclusifs que les Goncourt ? Au fond, il pouvait dire, à plus juste titre que Ruy Blas : Je suis déguisé quand je suis autrement ! — et bien qu'il écrivît en prose avec autant de justesse que d'éclat et de perfection, comme tous ceux qui ont goûté à la céleste ambroisie, il n'aimait rien autre chose que les vers. Pour une belle rime (c'est-à-dire pour un rapport ingénieux et nouveau, entre deux mots de finale pareille, jailli tout à coup), il eût donné les hyacinthes, les améthystes, les rubis, tous les trésors de pierreries entassés dans le vase d'émeraude que la reine de Saba vide aux pieds du roi Salomon.

Telle est la niaiserie humaine que, pour avoir la vérité sur un point quelconque, il suffit de prendre le contraire exact du lieu commun généralement admis. Théophile Gautier a toujours passé pour un *fantaisiste*, c'est-à-dire : pour un artiste ignorant, vivant sur un vieux matériel de fleurs et d'oiseaux, et s'hypnotisant lui-même, à regarder un frivole kaléidoscope. Tout au contraire, il fut, à mon sens, le sage le plus profond et le plus grand philosophe de ce temps. Avec Henri Heine et comme lui, comprenant que l'âme moderne est trop appauvrie pour s'élever encore à la notion purement spirituelle du suprême sacrifice, il voulut faire la part du feu, sauver du moins le culte du Beau, de l'héroïsme humain, de la splendeur physique et la gloire immortelle des Dieux. On comprend enfin combien il eut raison, en lisant des livres que déborde un flot de fange, et en voyant l'insatiable Messaline et Tibère à Caprée parodiés par des bourgeois économes qui, lorsque quelque désir infâme les sollicite, se disent avec un cœur léger : Au fait, pourquoi pas ?

Gautier, qui était instruit dans toutes les sciences, dans tous les métiers, dans tous les arts, et qui n'ignorait rien, avait compris que le secret de l'Histoire n'est pas autre que celui de l'Histoire naturelle, et il se rencontrait exactement avec le fabuliste La Fontaine et avec le Thomas Vireloque de Gavarni, pour qui les révolutions des empires se résument en une seule formule, exprimée en trois mots : Mangeurs et Mangés ! — Pendant le siège, nous dînions un jour chez Victor Hugo, alors provisoirement logé dans un hôtel près du Louvre. Il y avait là les fils du poète, puis Théophile Gautier, François Coppée, quelques amis, moi qui écris ces lignes, et dans tout cela, un seul bachelier ès-lettres. Au dessert, comme la conversation jetait les plus vives étincelles, François Hugo dit à Gautier : Au bout du compte, en ces luttes dont tu te désintéresses, s'agite le sort même de l'homme ; aussi, quoi de plus passionnant et de plus captivant ? C'est pourquoi j'ai peine à comprendre que tu n'aies jamais voulu savoir ce qu'est la Politique. — Mais, dit Gautier, je le sais ; je l'ai étudiée et j'y ai réfléchi depuis ma première jeunesse. La Politique ! si tu veux, nous allons descendre fumer un cigare sous les arcades, et je te l'expliquerai. — En effet, ils descendirent ensemble, le poète d'Albertus et le pieux traducteur de Shakspeare, cependant que Victor Hugo nous enchantait par ses merveilleux récits. Au bout de vingt minutes environ, les deux amis revinrent. Gautier avait sur ses traits la même sérénité olympienne qu'on lui a toujours vue ; quant à François-Victor, il était extrêmement sérieux, et ne riait plus.

XVII

LE CAFÉ

A Valentin Simond.

Imaginez un endroit où vous ne subissez pas l'horreur d'être seul, et où, cependant, vous êtes libre comme dans la solitude. Là, débarrassé des poussières, des ennuis, des vulgarités du ménage, vous songez à votre aise, confortablement assis devant une table, non encombrée par tout ce qui forcément nous opprime dans les maisons; car s'il s'y était amassé des objets et des papiers inutiles, on aurait eu soin de les faire disparaître. Vous fumez longuement, tranquillement comme un Turc, suivant votre pensée à travers les spirales bleues.

Si, voluptueusement, vous voulez savourer quelque breuvage chaud ou rafraîchissant, des serviteurs bien stylés vous l'apportent immédiatement. S'il vous plaît de converser avec des gens d'esprit, qui ne vous tyrannisent pas, vous avez à la portée de votre main des feuilles légères, sur lesquelles sont imprimées des pensées ailées, rapides, écrites pour vous et que vous ne serez pas forcé de faire relier et de conserver dans une bibliothèque, alors qu'elles auront cessé de vous plaire. Cet endroit, paradis de la civilisation, dernier et inviolable refuge de l'homme libre, c'est le Café.

C'est le Café, mais idéal, tel qu'on le rêve, et tel qu'il devrait être. Le manque d'espace et le prix fabuleux des terrains sur les boulevards de Paris le rendent, en effet, hideux. Dans ces petites boîtes, dont le loyer est celui d'un palais, il serait fou de chercher la place d'un vestiaire. Aussi, les murs sont-ils décorés par les chapeaux tuyau-de-poêle et par les pardessus accrochés à des patères, effet abominable qu'on tâche de contrebalancer en prodiguant les panneaux blancs et les ignobles dorures, imitées par des procédés économiques.

D'ailleurs, ne nous y trompons pas, le pardessus, dont jamais on ne sait que faire, et dont l'inquiétude nous trouble partout, dans le monde, à la comédie, aux fêtes, est le grand ennui et l'abominable servitude de la vie moderne. Heureux les seigneurs du temps de Louis XIV qui, le matin, s'habillaient pour toute la journée, le front protégé par une perruque, vêtus de satin et de velours, qui, même offensés par l'orage, restaient superbes et qui, d'ailleurs, braves comme des lions, risquaient les fluxions de poitrine, dussent-ils endosser, les uns par-dessus les autres, les innombrables gilets de Jodelet, dans *Les Précieuses ridicules!*

— Comment retrouverai-je mon pardessus et la sortie de bal de ma femme ? tel est le grand et unique cri, le monologue d'Hamlet de l'homme moderne qui empoisonne toutes les minutes de sa vie et lui fait supporter la pensée de mourir. Au matin d'une fête donnée par le maréchal de Mac-Mahon, on ne retrouva rien, les pardessus s'étaient vaporisés, les manteaux de satin et de cygne, les fichus de dentelles s'étaient évanouis en fumée et, sous la neige qui tombait à flocons pressés, les dames, éperdument, durent s'enfuir, les épaules nues, tandis que les maris essayaient de boutonner leurs habits noirs, qui ne se boutonnent pas !

Un soir, à une fête de la Présidence de la Chambre des députés, où les jardins étaient éclairés à la lumière électrique, tout à coup Gambetta voulut montrer à quelques-uns de ses convives une curiosité quelconque. Il les invita à descendre avec lui dans les bosquets. Un valet s'empressa, lui passa vite un pardessus : mais les invités n'osèrent pas demander les leurs, et suivirent Gambetta dans les jardins — en taille ! Je crois cependant qu'un ou deux d'entre eux ont survécu.

Au Café, on ne prend pas les pardessus, on ne les cache pas; mais on les accroche, on les expose sur le mur comme des tableaux de maîtres; on les traite comme les portraits de la Joconde ou de Violante, et vous avez cela dans les yeux, vous voyez cela sans cesse ; n'y a-t-il pas de quoi maudire l'instant où pour la première fois vos prunelles ont connu la lumière? On peut, comme je le disais, lire les journaux; c'est-à-dire : on pourrait les lire, s'ils n'étaient pas accrochés à ces abominables planchettes qui les mettent à une lieue de vous, et vous forcent à les apercevoir à l'horizon.

Quant aux breuvages, laissez toute espérance; car le maître du Café manque de place pour les préparer, et il paie un loyer trop énorme pour n'être pas forcé de se rattraper sur la qualité de ce qu'il vend. Mais n'y eût-il pas cette raison-là, on boit là trop de choses pour qu'elles puissent être bonnes, et par exemple, ce qu'on trouve le moins au Café, c'est du café! Il est délicieux et divin, dans ces petites boutiques de l'Orient où on le fait au moment, pour chaque consommateur, dans une petite cafetière spéciale. Quant aux sirops, comment y en aurait-il à Paris, et dans quel local chimérique pourrait-on ranger les jarres contenant les jus de fruits nécessaires à leur fabrication? Quelques vraies dames, riches, bien nées et bonnes ménagères, que les grands magasins n'ont pas réduites en esclavage, qui ne mettent pas sur leurs joues de rouge ni de fards, savent encore, chez elles, à la campagne, faire de bons sirops avec les fruits de leurs jardins et de leurs vergers. Mais elles ne les donnent ni ne les vendent aux cafetiers, naturellement, et les gardent pour réjouir leurs petits enfants aux blondes chevelures.

Tel qu'il est, avec ses défauts et ses vices, et même un bon siècle après la célébrité de Procope, le Café, qu'on ne peut supprimer de nos souvenirs, a été l'asile et le refuge de beaucoup de charmants esprits. L'ancien Tabourey, qui, après avoir été illustre, est devenu maintenant semi-populaire, avec un comptoir d'étain, a entendu jadis les délicieuses conversations de Barbey d'Aurevilly, que se disputaient les plus nobles salons et qui, parfois, aimait mieux causer, assis devant une table de marbre, dans une salle où l'on voit les feuillages et les bouquets fleuris du Luxembourg. Baudelaire aussi y parlait, de sa voix nette et caressante, laissant tomber de ses belles lèvres rouges, un peu épaisses, des diamants et des pierreries, comme la princesse du conte de fées.

Bien longtemps auparavant, dans la rue de l'Ancienne-Comédie, le Café Dagnaux appartenait à un homme original, qui estimait au-dessus de tout les jouissances de l'esprit. C'était dans le temps mythologique et évanoui de la Bohême. Ce propriétaire désintéressé abandonnait une vaste salle à d'aimables jeunes gens sans aucun sou et sans aucune maille, qui, n'ayant pas du tout d'argent, n'en dépensaient guère, mais qui, avec une verve intarissable, échangeaient de joyeux propos. Parmi eux étaient Mürger, Wallon, Pierre Dupont avec sa blonde chevelure apollonienne, d'autres encore et, presque toujours, deux ou trois jolies filles qui, au contraire de Chrysale, tenaient moins à la bonne soupe qu'au beau langage, et se voyaient servies à souhait. Tandis que flambaient les prodigieuses pyrotechnies, les éblouissantes images, les incendies de mots et de phrases, parfois, timidement, le maître du Café se glissait, sans faire de bruit, à l'entrée de la salle, et écoutait avidement. C'était, ô siècle d'Astrée ! sa manière de rentrer dans ses frais.

A l'ancien Café du Théâtre-Français, avant sa transformation, déjà vieille, en bonbonnière blanc et or, les habitués pouvaient admirer le grand critique Gustave Planche, écrivant, sur une planchette verte pour joueurs de cartes, ses articles meurtriers, dont les victimes se portent encore bien, ou sont mortes d'autre chose. Inspiré ou furieux, il était superbe, avec sa noble tête d'empereur romain et son beau sourire, mais jamais peigné et, à travers les bâillements de sa chemise, on voyait sa noire poitrine velue. Car Planche faisait trembler le frêle troupeau des mortels, mais n'eut jamais de boutons à ses chemises, excepté quand le grand Buloz l'incitait impérieusement à s'habiller de neuf, pour le faire dîner avec des diplomates étrangers.

C'est au contraire dans une très belle tenue de poète élégant que Louis Bouilhet, avec ses moustaches et sa longue chevelure de chef gaulois, écrivait ses drames en vers, dans un petit Café de la rue Taranne. Comme il était beau de force, de hardiesse, de bonté en alignant ses fiers alexandrins, la maîtresse du Café passait son temps à le regarder avec une respectueuse curiosité. Les garçons, qui l'admiraient aussi, vaincus et stupéfaits, oubliaient complètement, ou plutôt dédaignaient de servir les autres personnes. Si bien que les consommateurs, désappointés, ne venaient plus et abandonnaient le calme petit Café à Louis Bouilhet et à sa glorieuse copie. Hélas ! ils ont eu tout le loisir de revenir et de retrouver leurs anciennes places ; car le poète normand est mort trop jeune, quand il aurait pu écrire encore tant de belles odes et de comédies.

Un problème qui n'a pas de solution possible, tient en échec les écrivains et les artistes parisiens. Quand on a travaillé et bûché énergiquement tout le long du jour, pendant la petite promenade qui précède le dîner, il est doux de s'asseoir un instant, de retrouver ses camarades, de causer avec eux de tout ce qui n'est pas la politique. Le seul endroit propice à ces réunions improvisées et nécessaires est le Café ; mais le jeu en vaut-il la chandelle ou, pour parler plus exactement, les aveuglants becs de gaz ? Pour le plaisir d'échanger des vocables, faut-il subir les criminelles absinthes, les bitters dénaturés, les tragiques vermouths amalgamés dans les sombres laboratoires des Cafés, par d'effrayantes Locustes ?

Aurélien Scholl, qui, en sa qualité de poète délicat et d'excellent écrivain, est naturellement un homme pratique, avait eu une idée géniale. Il aurait voulu qu'on continuât à se réunir dans les Cafés, à l'heure de l'absinthe, mais — sans absinthe ! Un très honnête homme, que l'on aurait choisi exprès pour cela, aurait versé aux promeneurs, en tout et pour tout, de très bon vin de Bordeaux au quinquina, ce qui aurait eu le double avantage, d'abord de ne pas les empoisonner, et ensuite de leur offrir un breuvage sain et réconfortant. Mais ce rêve séduisant n'a pu être réalisé ; car, certes, les honnêtes gens sont en grand nombre, parmi les cafetiers comme dans les autres industries ; mais on n'a pas pu trouver l'honnête homme — particulier qui voulût bien se procurer le vin de quinquina, dans lequel il y aurait eu du vin et du quinquina.

Il y a eu au Palais-Royal, un Café qui avait gardé sa décoration empire et son éclairage à l'huile. On y trouvait de vrai vin, de vrai café, de vrai lait, et de bons biftecks. Là déjeunaient Roqueplan, Arsène Houssaye, Michel Lévy, et le beau Fiorentino, qui savait s'y faire donner des morilles. Le maître de ce Café avait dit que, le jour où il ne pourrait plus vivre en vendant des choses sincères, il ne céderait pas son fonds, mais vendrait son mobilier, et fermerait boutique. Il l'a fait, comme il l'avait dit. C'était un héros.

XVIII

LA RUE

A Maurice Bouchor.

A ce que je crois, le calife Haroun al-Raschid avait trouvé le meilleur moyen d'être un souverain au courant de toutes choses, qui est de se promener la nuit dans les rues. Système excellent à Bagdad, bien plus excellent encore à Paris, où les rues sont douées d'une vie surnaturelle. Elles ont une vie, une pensée, une âme, et si on sait les écouter, vous parlent. Dans les quartiers commerçants, on entend encore, vaguement comme un écho, le bruit des enclumes, des machines, le frémissement de la matière en travail ; autour de l'Odéon flottent dans l'air, comme subtilisés, des idées philosophiques, des calculs transcendants et des vers d'Homère. A Paris, les ciels, les nuées, les fourmillements d'astres s'associent aux aspects de la Cité, à la manière d'être des pierres ; et ces pierres elles-mêmes sont encore pétries et modelées par toutes les pensées agiles et fécondes qui, pendant le jour, se sont agitées autour d'elles.

Celui qui, la nuit, se promène dans Paris silencieux et presque vide, en sait plus sur le mouvement des âmes et sur la réalité des choses que s'il avait écouté beaucoup de conversations et feuilleté des tas de documents; car, alors, dans l'atmosphère encore vibrante, les idées se boivent et se respirent. Oui, il est bon, il est sain, il est profitable d'y errer pendant la nuit ; mais il n'est pas mauvais non plus d'y marcher pendant le jour, et de se mêler au peuple, à la foule, au vaste flot humain qui, pareil à celui de la mer, dit son secret sans parler, rien que par son agitation et par son mélodieux murmure. Si nos ministres ne sont jamais au courant de rien, c'est qu'ils ne voient pas la rue, n'entrevoient pas les pavés, et vivent emprisonnés dans des intérieurs décorés avec le plus mauvais style de l'empire.

Les gouvernants ont aujourd'hui les pieds attachés à leurs tapis avec de la poix ; mais cette mode bourgeoise et casanière est relativement récente. Le roi Louis-Philippe, dont le toupet classiquement frisé jette sur l'Histoire une ombre comique, portait toujours avec lui un parapluie, devenu légendaire ; ce qui prouve assurément qu'il ne craignait pas de se promener dehors, car ce n'était pas sans doute pour parcourir les appartements des Tuileries qu'il s'attelait à ce meuble peu héroïque, mais utile. Son jeune et charmant fils, le duc d'Orléans, ne dédaignait pas de monter des étages, d'entrer dans le cabinet des écrivains et dans l'atelier des artistes ; aussi fut-il pour beaucoup dans le grand mouvement de 1830, car pour tous ceux qui vivent de la pensée, c'était un encouragement énorme de savoir que leurs travaux étaient connus et compris dans le palais où se façonnaient les destinées de la France. Avant ceux-là, prince essentiellement ambulatoire, Napoléon Premier, vêtu de sa grande redingote, aimait à causer avec les marchands dans leurs boutiques, à vagabonder avec la foule, à passer avec les passants, et à rire un peu en liberté des bourdes que lui contait son ministre de la police. Il n'était pas un étranger dans la rue, parce que jadis il l'avait connue, de la seule façon dont on puisse bien la connaître, c'est-à-dire en étant pauvre. Il avait erré, sans un sou, et il avait si bien pris l'habitude, faute d'en avoir, de ne pas mettre d'argent dans sa poche, que plus tard, lorsqu'il eut beaucoup d'argent, étant le maître du monde, il continuait encore à ne pas en mettre dans sa poche, ce qui parfois l'exposait aux plus bizarres aventures. Mais de la sorte, du moins, il pouvait contempler la Vérité toute nue, et non affublée de mille oripeaux menteurs, comme on la lui montrait aux Tuileries.

Ah ! si l'artiste, si le poète veulent savoir au juste ce que vaut leur gloire, ils n'ont qu'à sortir, à regarder leurs inventions en plein soleil, et ils verront tout de suite s'ils ont modelé des figures vivantes ou de pâles fantômes. Les femmes qui, sous tous les rapports, ont infiniment plus de bon sens que nous, les femmes qui ne se contentent jamais de l'ombre, et veulent la proie toute palpitante et saignante, savent très bien où sont l'applaudissement qui compte et la vraie adoration. Si elles veulent savoir où elles en sont de leur beauté et de leur puissance, elles ne se fient ni aux mensonges intéressés de leurs amis, ni à la politesse envenimée des salons ; mais elles croient à l'effet qu'elles font dans la rue avec leur belle toilette, elles sont rassurées par l'admiration qui involontairement s'exprime avec de grossiers jurons ; et depuis la duchesse qui va à Saint-Thomas-d'Aquin, avec sa démarche chaste et divine, jusqu'à la rôdeuse effrontée et mélancolique du boulevard extérieur, toutes les femmes sont contentes si elles plaisent au public incorruptible de la rue, le seul qui ne prend pas des vessies pour des lanternes et n'achète pas chat en poche.

Le baron Haussmann, comme un moderne Hercule, savait nettoyer les cloaques et faire passer des fleuves à travers les écuries trop sales. Il nous a donné de l'air et du jour ; il créait des capitaux, par la mise en valeur des terrains jusque-là dédaignés, et en somme, il fut doué d'un certain génie pour la bâtisse ; mais il eut aussi la tête barrée à un certain endroit, et il ne devait jamais rien comprendre à l'âme de Paris. Lorsque sa pioche ivre et folle bouleversa le boulevard du Temple, il crut n'avoir détruit que des théâtres ; mais son crime eut une bien autre importance, et il avait pour longtemps stérilisé le génie dramatique de la France. Pas de pièces sans acteurs, cela est un axiome élémentaire ; or, pourquoi y avait-il en ce temps-là tant de grands comédiens, et pourquoi y en a-t-il moins aujourd'hui ? Qu'on se rappelle sur le boulevard ce terre-plein, éblouissant de lumières, grouillant, ruisselant, peuplé de boutiques en plein vent, où s'agitait et flânait sans cesse une foule parisienne infiniment diverse, à la fois élite et populaire, mais ardemment éprise du théâtre ! Là passaient les acteurs se rendant à leur art, à leur besogne, à leur triomphe ; ils passaient, non plus travestis et peints, affublés d'un personnage d'emprunt, mais redevenus eux-mêmes et sous leur figure naturelle, au milieu du peuple, qui les aimait, les connaissait, vivait avec eux au théâtre et hors du théâtre. Traverser cette foule, c'était l'épreuve redoutable et décisive ; car si l'artiste avait bien joué la veille et les autres soirs, il était salué par de longs regards amis ; si, au contraire, il avait manqué de sincérité, s'il s'était abandonné à la convention et aux effets faciles, il trouvait devant lui cette morne indifférence dont les héros et les rois eux-mêmes ne se consolent pas. Ah ! qu'importaient alors à un Deburau, à un Frédérick, à une Dorval, la jalousie de leurs rivaux, la mauvaise humeur des feuilletons, l'admiration guindée des gens du monde, quand le Parisien leur jetait le regard qui voulait dire : Je suis content de toi ! Tout ce monde, acteurs et foule, s'entendait comme larrons en foire, et vivait dans une véritable communion. Aujourd'hui, ils sont des étrangers les uns pour les autres, ne se connaissent plus, et la Muse aussi ne les connaît plus, parce qu'ils ne sont plus unis et rassemblés dans une même pensée pour l'amour d'elle.

La Rue sait tout, connaît tout, prévoit tout, et sans elle, personne ne sait rien. Si en dépit de beaucoup de chefs-d'œuvre, excellents et supérieurs, la Comédie Moderne (en arrière de cent ans sur Balzac, venu trente ans avant elle) n'a pas réussi à peindre la Vie Moderne, c'est que, par une fausse idée de dignité, tranchons le mot, par bégueulisme, elle s'est emprisonnée dans les salons, et que le peuple lui est inconnu. La Comédie de Molière, comme celle de Shakspeare, comme celle d'Aristophane, connaît la rue et se livre au baiser du soleil. La nôtre, emmitouflée, meublée par un tapissier, barricadée entre des paravents, ne sait pas si c'est l'hiver ou l'été, s'il fait jour ou nuit, et si l'endroit qu'elle habite est une ville peuplée ou un désert. Même s'il y a eu une révolution et si la forme du gouvernement a changé, elle l'ignore absolument.

Comme nos députés, d'ailleurs. Car, enfermés dans ce que, par une ignorance coupable de la langue française, ils persistent à nommer une *enceinte*, on pourrait, sans qu'ils en fussent avertis en aucune façon, brûler Paris et en disperser la cendre aux quatre vents du ciel. Ah ! le moindre Gavroche, habitué du pavé, et compagnon des moineaux errants, est bien autrement qu'eux un historien et un politique ! A l'attitude et au plus ou moins d'ardeur des enthousiastes qui arrachent le premier pavé, il sait tout de suite de quoi il retourne, et s'il s'agit d'une échauffourée, ou d'une émeute, ou d'une révolution. Il est aussi très bon critique d'art; pour lui, la déesse de Rude, envolée, cuirassée d'écailles, qui hurle son refrain dans la nue épouvantée, est la vraie *Marseillaise*, tandis que de certaines dames en marbre, couronnées d'épis ou d'étoiles lui représentent, non pas la République, mais seulement l'Astronomie ou l'Agriculture. Les projets pour le monument à élever à Gambetta ont été exposés dans la salle Melpomène; aussi a-t-on été fort embarrassé pour décider entre eux; si on les eût exposés en pleine rue, le choix eût été facile, il se fût fait tout seul et par la force des choses, et le peuple de Paris aurait très bien su dire, sans parler même, et d'un clin d'œil : Celui-ci est le bon !

Au nouvel Hôtel de Ville, debout dans leurs niches, les grands Parisiens sont en pleine vue; aussi pour eux le jugement de la postérité a été fait tout de suite. Il y a certains d'entre eux qui sont là chez eux, naturellement, d'autres qui resteront éternellement dépaysés et stupéfaits. Le peuple adopte ceux qui, dans leur âme, furent sincèrement peuple; au contraire, ceux qui ont menti, courtisé la popularité et proféré de vaines paroles, auront toujours l'air de chercher où ils ont mis leur chapeau, et d'être en visite. Le pavé ne les connaît pas, n'a pas voulu apprendre leurs noms, et les renie.

Lorsque vous êtes enfermés dans l'*enceinte*, vous vous figurez naïvement que les questions de ministres, d'hommes, de cabinets, sont des questions, et que le *sein des commissions* est un vrai sein, capable d'allaiter quelqu'un, ou de nourrir quelque chose ; descendez dans la rue, et sans qu'on vous fasse la leçon, vous verrez tout de suite que nous avons bien d'autres chats à peigner ! Vous verrez tout ce peuple, hommes, femmes, vieillards, enfants, se rendant à leur tâche, courageux et tristes, parce qu'ils veulent bien travailler de toutes leurs forces, mais que malgré leur bravoure, ils voient s'agiter devant eux le spectre toujours menaçant de la Faim. Vous verrez le Vice dévorer de si jeunes proies, hélas ! que son festin de cannibale fait pleurer les pierres. Je sais bien qu'en somme c'est le lapin qui a commencé, et que ces pâles jeunes filles auraient pu aller demander de l'ouvrage au Bon Marché ou aux Magasins du Louvre ; mais peut-être aussi leur aurait-on objecté que les places étaient déjà prises.

Quoi qu'il en soit, descendez dans la rue, promenez-vous et ce sera du temps bien employé. Jadis un auteur qui crevait de peur en se rendant à l'Opéra-Comique, où on devait jouer une pièce de lui, et qui avait la colique de l'auteur dramatique, fut radicalement guéri de son mal en traversant la place des Victoires, où des hommes aux bras sanglants portaient au bout d'une pique la tête de la princesse de Lamballe. Vous ne trouverez pas toujours des spectacles pareils, mais vous en rencontrerez d'autres, qui auront leur prix. Vous, monsieur, infatué de votre roman qui vous semble supérieur à l'Iliade, ou de votre sonnet que vous préférez à ceux de Ronsard, en remarquant alors qu'il y a bien plus de bouches que de pains et bien plus de pieds que de savates vous aurez de quoi réfléchir. Vous constaterez aussi qu'en plein air, tels grands hommes ne sont plus grands, comme telles belles femmes ne sont plus du tout belles, et vous vous apercevrez qu'on fait avaler aux salons tout ce qu'on veut, mais que la Rue n'est pas si bête !

XIX

AVEUGLES

A Edmond Lepelletier.

A une époque déjà très lointaine, il y avait deux Cafés des Aveugles, en apparence assez semblables l'un à l'autre, en réalité complètement différents. L'un, situé dans une cave, sous le péristyle de Valois, en face du magasin de Corcellet, représentait la vertu, la joie paisible, le tranquille plaisir des bourgeois qui s'amusent placidement après avoir fini leur journée; l'autre, dont les portes, en s'ouvrant, vomissaient des torrents de lumière dans la rue Montesquieu, était — tout le contraire!

Fût-il situé près du pôle Nord, au milieu des glaces éternelles, ou dans les sables enflammés de l'Afrique, tout Café des Aveugles, par cela seul qu'il existe, comporte deux éléments indispensables. D'abord, des aveugles, qui exécutent des morceaux symphoniques; puis, un sauvage qui joue sur plusieurs tambours, sinon à la fois comme on serait tenté de le croire, du moins avec une assez grande agilité pour faire illusion.

Ces aveugles, dont Balzac a si bien fixé le type dans son admirable Facino Cane, étaient en général des vieillards, pour la plupart marqués de la petite vérole : mais ceux qui n'étaient ni vieux ni grêlés paraissaient l'être tout de même. On les voyait tous horriblement pâles, pareils à des hommes égrégores qui, la nuit venue, quittent leurs tombes, pour se mêler indûment à la vie. Car la Couleur, qu'ils ne pouvaient pas voir, s'éloignait d'eux par un sentiment naturel et ne voulait avoir avec eux aucune relation. Leurs chevelures végétaient, pauvres, claires, tristes, insuffisantes, comme pour marquer une rupture absolue entre eux et l'astre dont la parure d'or flamboyant est une chevelure. Comme tout musicien, ou virtuose, rappelle par un côté quelconque notre aïeul Orphée, ils lui ressemblaient tous par l'abominable résignation, par le désespoir sans bornes. On voyait que la nuit, l'ombre affreuse avait pris à chacun d'eux je ne sais quelle pleurante Eurydice.

Ces aveugles jouaient-ils bien ou mal de leurs instruments ? Je suis porté à croire qu'ils en jouaient avec une honnête perfection médiocre ; mais c'est ce qu'on n'a jamais pu savoir. En effet, de quelque façon que soit composé un orchestre d'aveugles, on n'y entend jamais que la clarinette. Quand même on y mettrait tous les violons qui menaient jadis nos soldats à la bataille, toutes les flûtes et tous les hautbois de l'idylle, toutes les trompettes dont Berlioz avait besoin pour faire rugir son âme de lion, tous les cuivres, toutes les cymbales que Sax déchaîna dans la guerre épouvantée, on entendrait toujours la seule clarinette. Cet instrument se plaint et chante, non parce qu'un aveugle en joue, mais uniquement parce que l'aveugle est là.

Pourquoi les habitués du premier Café des Aveugles étaient-ils foncièrement et invinciblement honnêtes? Parce qu'on y buvait, à la vieille mode, la bière enfermée dans des cruchons de grès. Ah! dans ces cruchons, la bonne bière française (d'Autun, par exemple) s'échappant en un jet de mousse, qui directement va tomber dans le verre, en se déployant comme un plumet, qui jamais nous la rendra, telle qu'on la voyait sur les affiches d'un ton bleu, imprimées à la manière des papiers peints? Devant le cruchon, en face d'un paysan, ou d'une belle fille en robe rayée de rouge, était attablé un soldat joyeux, dont cette mousse représentait l'impétueuse et charmante bravoure.

Certes, avec leurs lignes insuffisantes et mal fermées, les Prussiens de Bismarck, devenus des Allemands, ne nous auraient pas tenus captifs, si nous n'avions pas été alourdis par l'amère, par la triste chope, et si nous avions continué à boire l'antique bière française, qui pétille et qui mousse. En ce temps, où nos malheurs, hélas! étaient encore si loin de nous, les braves bourgeois du Café des Aveugles buvaient les cruchons de bière, en mangeant des croquets véritables entièrement vêtus de croûte, dont la fabrication est perdue, et en regardant avec ravissement — le Sauvage.

Personne ne saura jamais pourquoi la présence des aveugles impliquait nécessairement celle du Sauvage. Ce problème ressemble à tous les autres problèmes humains; il est insoluble. Au temps dont je parle, le peuple parisien, voyageant en coucou et en gondole, n'allait pas plus loin que Longjumeau ou Versailles; aussi était-il essentiellement un peuple marin et géographe, en vertu d'un idéal particulier, né spontanément dans son âme. S'il adorait passionnément le Sauvage, c'est que cet être singulier réalisait l'Indien imaginé par des citadins, qui n'avaient pas lu Châteaubriand, mais qui avaient vu Chactas représenté sur des pendules dorées à la sauce.

Coiffé d'un diadème de plumes peintes de couleurs turbulentes, ayant du rouge aux pommettes comme une marquise, le Sauvage était orné d'une barbe crépue, noire comme du taffetas d'Angleterre, attachée à ses oreilles par des crochets audacieusement visibles, comme les barbes dont le bon Desmousseaux s'affublait pour jouer les rois de tragédie. Et plus les crochets étaient évidents, plus les honnêtes bourgeois croyaient avoir devant les yeux un anthropophage authentique; car l'illusion est à ce prix pour le Parisien, foncièrement théâtral, qui consent à se figurer tout ce qu'on veut, pourvu qu'il soit mis dans le secret de la comédie.

Il en était du maillot comme de la barbe; il était tout à fait chimérique et, par cette raison même, donnait à des spectateurs enchantés la parfaite vision de la nature. Tantôt rose vif, ou couleur saumon, ou pâle comme la neige, ce maillot affectait ainsi diverses colorations, mais jamais celle de la chair humaine. Évidemment trop large, faisant des plis et s'appliquant à en faire, il était en outre enrichi d'arabesques en velours noir, bordées d'une broderie d'argent, qui difficilement eussent pu être cousues sur une peau vivante, cette peau fût-elle celle d'un Indien. Mais précisément à cause de ces poétiques invraisemblances, pour le bon bourgeois parisien, le dompteur des tambours était le Sauvage absolu, unique, le seul vrai; et si un Chicassos des cavernes, ou si le sachem des Onodongas avaient prétendu lui faire concurrence, ils auraient été chassés comme de vils intrigants.

Une autre attraction du premier Café des Aveugles, c'était Valentin, l'Homme à la Poupée. A eux deux, sa Poupée et lui, ils jouaient tout le drame de la famille, de la paternité, et ils épuisaient toutes les surprises de la mystérieuse ventriloquie. Valentin jouait excellemment son rôle, mais la Poupée était plus admirable encore dans le sien; elle riait, geignait, pleurait, parlait aussi, et elle était aussi tyrannique et encombrante qu'un petit enfant. Les bourgeois, qui avaient quitté leur maison pour ne pas entendre leurs enfants crier, écoutaient crier celui-là avec délices, parce que celui-là c'était la comédie, et parce que s'ils avaient les oreilles déchirées par ses clameurs, c'était à titre de récréation et de réjouissance, et en se régalant des croquets dorés et de la bière mousseuse et turbulente, s'échappant des cruchons de grès.

Au second Café des Aveugles, situé dans la rue Montesquieu, il y avait, comme dans le premier, des aveugles musiciens et un sauvage tapant sur des tambours ; mais là s'arrêtait la ressemblance. Au lieu des honnêtes consommateurs bourgeois, ceux qui buvaient là étaient des passants lubriques, des espèces de faunes parisiens proie de tous les vices, et on aurait pu se croire à Ségor, à Séboïm, ou dans les autres villes maudites. Cependant le feu du ciel ne tombait pas sur ce lieu abominable, sans doute afin d'épargner les innocents aveugles, qui soufflaient dans leurs clarinettes. En face même du café, dans le monument à colonnes occupé aujourd'hui par le grand Bouillon Duval, était un bal qui, lui aussi, faisait hurler et chanter ses musiques, et où fréquentaient des prostituées du plus bas étage. En été, les portes du bal s'ouvraient sans cesse, les portes du café aussi, l'air empesté et brûlant volait de l'un à l'autre de ces enfers, et les dames, allant sans cesse du bal au café, et réciproquement, n'étaient jamais à poste fixe, ni dans l'un ni dans l'autre.

> Et le vent, soupirant, sous le frais sycomore,
> Allait tout parfumé de Sodome à Gomorrhe.

La bière qu'on buvait là n'était ni française ni allemande ; elle n'était enfermée ni dans des cruchons ni dans des canettes. C'était un liquide vague, incohérent, absurde, emprisonné dans de hideuses bouteilles quelconques, et les buveurs la versaient devant eux, plus que dans leurs verres. Autour des tables maculées, souillées, où la cendre des pipes faisait une boue dans les mares liquides, les femmes du bal, énormes, suantes, barbouillées d'un rouge ignoble, vêtues de robes de toile où on voyait déborder leurs chairs éhontées, se promenaient, avec des mots crûment obscènes, invitaient les consommateurs à les suivre. Celles qui réussissaient dans cette négociation, emmenaient leur conquête ; les autres rentraient au bal, où elles se remettaient à danser ; car leur multiple travail ne s'arrêtait jamais, et leur profession, effroyablement libérale, n'était pas une sinécure.

On connaît cette charmante gravure, coloriée à teintes plates, de Carle Vernet, où deux merveilleuses, coiffées de chapeaux en capote de cabriolet et vêtues de robes collantes, sans chemise ni jupe, sont suivies par un chien et par un aveugle. L'une d'elles a eu sa robe déchirée par les dents du chien. Elle laisse voir ainsi, en sa double rondeur jumelle, une croupe dessinée aussi purement que celle de la Vénus de Médicis.

— *Ah ! s'il y voyait !* dit-elle à son amie, en parlant de l'aveugle. Plus d'un observateur, égaré dans le café de la rue Montesquieu, a dû songer à cette estampe célèbre, et a dû se dire aussi, en contemplant les aveugles musiciens, si pâles et si tristes : — *Ah ! s'ils y voyaient !* Ils auraient pu admirer alors, avec une funèbre épouvante, les appas difformes et démesurés des femmes colosses qui, autour des tables, proclamaient le culte de l'amour de la façon la plus grossière et la plus initiale. Mais si les aveugles ne voyaient pas ces masses croulantes de chair, ils en devinaient la présence; on eût dit qu'ils en portaient le poids accablant ; ils pâlissaient de plus en plus, en jouant des ouvertures empruntées aux anciens opéras-comiques, genre national par excellence.

Aujourd'hui, quand on voit des sauvages, c'est au Jardin d'Acclimatation; ils sont réels et scientifiques, et ne doivent rien à la fantaisie. Les musiciens des orchestres ne sont plus recrutés parmi les aveugles, et, dans l'édifice où bondissait une danse furieuse, on mange des potages et des biftecks, cotés à un prix modeste. N'y a-t-il pas là des indices de toute une transformation sociale ?

XX

LE DIAMANT

A Stéphane Mallarmé.

On s'est souvent demandé autrefois comment Jules Janin, toujours gai, toujours dispos, jamais las, pouvait sans peine, sans effort, sans aucune fatigue apparente, donner régulièrement cette *Semaine Dramatique* qui était, elle aussi, une comédie aux cent actes divers. Il jouait de son violon magique, et aussitôt Agamemnon et Jocrisse, les Dieux de Racine et les bouffons de la parade, Hermione et Turlurette, les drames, les mères éplorées, les jeunes filles de Scribe en tablier de soie, courant après les papillons, Scapin avec ses quilles vertes, Mezzetin en manteau rayé, les danseuses perchées sur leurs pointes, tout ce monde évoqué parlait, évoluait, dansait autour de lui, tandis que, dans le lointain des bocages frémissants, les nymphes ingénues agaçaient d'une rose ou d'une brindille les ægipans et les faunes.

Oui, Janin était toujours prêt à recommencer les mêmes prodiges, à faire des portraits immortels comme celui de Marie Duplessis, à s'éblouir d'une fable de La Fontaine, à s'envoler avec une chanson d'Horace, à donner au premier vaudeville venu la même importance qu'à la guerre de Troie, à faire disparaître la muscade sous le gobelet, avant qu'on eût vu le gobelet et la muscade ; et on se demandait comment il avait acquis tant de force, tant d'adresse, un si prodigieux génie amusant, et comment il portait sans cesse à bras tendu le rocher de Sisyphe du Feuilleton, aussi léger pour lui que l'héroïque massue dans la main d'Hercule.

Cela a tenu à ce que Jules Janin avait un bon rédacteur en chef.

Certes, Armand Bertin ne fut pas le seul grand rédacteur en chef de ce temps ; mais il savait très bien comme on s'y prend pour faire éclore des chefs-d'œuvre. De temps en temps, il disait à son feuilletoniste :

— Il me semble que tu n'es pas du tout las, mais que, dans un moment, tu le serais. Laisse donc le drame, le vaudeville, toutes les fariboles, et va te promener. Va boire le bon air salubre, écouter murmurer les ruisseaux et reposer tes yeux, en regardant la saine verdure des feuilles.

— Sans doute, mon cher maître, répondait Janin, ne rien faire est une occupation à laquelle je me livrerais avec le plus grand plaisir. Mais, pour le moment, elle m'est interdite, car je n'ai pas d'argent.

— Si fait, disait Armand Bertin, tu en as, puisque je vais t'en donner. Promène-toi, amuse-toi, et reviens quand tu sentiras la nostalgie de la plume qui court sur le papier, et de l'encre d'imprimerie.

— A la bonne heure, disait Janin; mais si le feuilletoniste qui me remplacera plaît mieux que moi, et si le public s'y attache ?

— Rien de tout cela n'arrivera, disait Armand Bertin, car le *Journal des Débats* se passera de feuilleton, et par conséquent aucun feuilletoniste ne te remplacera. Va te promener !

Voilà pourquoi, à Spa, un beau jour de juin, serré dans une élégante redingote couleur tête-de-nègre que faisait très bien valoir le pantalon gris clair et le gilet de piqué blanc, Jules Janin content, rasé de frais, très semblable à son ami Horace, marchait sur la jolie promenade de Sept-Heures, qui va de la place Royale jusqu'au pied de la montagne d'Annette et Lubin. Il admirait que cette montagne se nommât comme un opéra-comique, et cet opéra-comique comme une montagne, et en même temps il savourait l'immense joie de ne rien écrire et de sentir dans son cerveau les figures de rhétorique, immobiles et muettes, dormir d'un sommeil furieux.

Parmi les personnes illustres qui résidaient à Spa et s'abreuvaient aux sources du Pouhon et du Prince de Condé, il y avait une des plus grandes dames de l'Europe, dont la naissance, la beauté sans rivale, la noble grâce, la bonté infinie et les immenses richesses, si souvent dépensées pour la charité et pour les arts, avaient passionné Paris, qu'elle avait longtemps habité. Partout entourée d'admiration et de respects, cette personne divine, qui permettait à ses amis de la nommer familièrement la princesse Adriana, se promenait volontiers seule, et c'est ce qu'elle faisait à ce moment-là, vêtue d'une toilette claire, fraîche comme cette matinée d'été, tenant à sa main une ombrelle ornée de fleurs roses et, par sa démarche harmonieuse et légère, révélant instinctivement la déesse. Mais il arriva une chose d'abord inexplicable. La princesse vit qu'elle était la proie de mille regards et que les yeux de tous les passants étaient fixés sur elle, comme ne pouvant s'en détacher. Être regardée, certes, elle y était habituée; mais pas avec cette intensité, cette curiosité fiévreuse et, pour la première fois de sa vie, elle pensa que peut-être elle avait eu tort de sortir seule.

Par bonheur, elle aperçut notre feuilletoniste, qui depuis longtemps n'avait parlé à âme qui vive et qui, pour s'amuser, se récitait à demi-voix l'ode à Lycé : *Extremum Tanain si biberes, Lyce...*

— Ah ! dit-elle, Janin ! Donnez-moi le bras.

Certes, l'écrivain fut heureux, estimant avec raison que rien n'est plus agréable que de guider une dame illustre parmi les plus adorées, par un beau soleil, sur une promenade verte. Quant à la princesse, elle pensa que, maintenant, confiée à la garde d'un cavalier qui en valait un autre, elle ne serait plus en butte à l'indiscrète attention des passants ; mais elle se trompait, et plus que jamais elle était regardée par la foule stupéfaite des promeneurs. Enfin, par un heureux hasard, ayant baissé les yeux, la princesse Adriana se mit à rire en voyant la cause de tout ce tumulte. Par l'incroyable distraction d'une de ses femmes, elle avait sur la poitrine, monté en broche, un diamant historique, presque aussi gros que le Sancy, pesant plus de trente carats, et qui avait longtemps appartenu à la couronne d'Italie. Ainsi elle marchait, portant devant elle quelque chose comme un vrai soleil enflammé et fulgurant, bon pour faire éclore les roses et mûrir les raisins, et pour aveugler le vain troupeau des mortels. Elle s'empressa de détacher de sa robe cet astre importun, et le tendant à son cavalier :

— Janin, dit-elle, faites-moi le plaisir de mettre cela dans votre poche.

Quoiqu'elle fût taillée et cousue selon les règles les plus irréprochables, jamais la poche du gilet de piqué blanc de Janin ne s'était trouvée à pareille fête, et elle en sentit sans doute un légitime orgueil. Tout rentra dans l'ordre ; l'esprit vivant et la beauté divine cessèrent d'être regardés plus qu'il ne convient. Bonne et affable, comme elle l'est toujours, la princesse Adriana voulut faire briller son serviteur, et elle lui ordonna de raconter ce qu'on disait et ce qu'on faisait à Paris. Et qui eût pu, mieux que Janin, s'acquitter de cette tâche ? Il raconta, montra tout à la fois, les promenades, les comédies, le faubourg Saint-Germain, les bals du roi Louis-Philippe et la cohue de l'Opéra, où l'on voyait les duchesses causer avec des polichinelles. Il fit là, assurément, son meilleur feuilleton. Il sembla que, pareil à l'homme-orchestre, il jouait à la fois de tous les instruments, et qu'il déroulait toutes les aquarelles de la vie élégante où, de son pinceau magique, Eugène Lami a représenté les foules de femmes, de seigneurs, de robes de satin et d'uniformes, éclaboussés de diamants et de plaques d'ordres. Il dansait sur une corde raide invisible, jonglant avec des poignards et avec des boules d'or, et d'autres fois, comme un poète japonais, chassant devant lui, avec un éventail vertigineux un essaim de papillons fous, qui étaient les mots et les phrases. Quand il eut reconduit la princesse à la porte de la villa qu'elle habitait, il s'en alla, ivre de ses yeux, de son sourire de pourpre, et aussi des noms, des adjectifs, des divers vocables habillés de pierreries et coiffés de chapeaux de fleurs, auxquels il avait fait danser une farandole effrénée. Alors, doucement caressé par la brise, il alluma un cigare, pas trop sec, mais suffisamment sec, faisant de la cendre blanche, et il connut l'immense joie de fumer à l'air libre, exempt de soucis, en regardant le ciel, et sans craindre la visite d'un vieux classique, qui viendrait, en tenant sous son bras un manuscrit de tragédie.

La princesse Adriana avait bien voulu inviter Janin à aller la voir souvent. Il y alla, très heureux dans cette maison amie, où parfois il dînait avec des duchesses assez grandes dames pour oser être gaies, avec de vieux diplomates qui avaient tout vu, et avec de très jeunes princes ingénus, chamarrés de grands cordons. Surtout, il éprouvait un bonheur infini quand il trouvait la princesse toute seule; car, dans l'intimité, elle était exquise et causait encore mieux qu'elle ne faisait causer les autres. Retenu ainsi par tous les plaisirs des yeux et de l'esprit, Janin fut peut-être resté à Spa jusqu'à la fin de la saison, et peut-être toujours, si, tout à coup, à la lecture d'un journal, il n'eût tressailli, comme Achille touchant les armes sonores.

Marie Taglioni avait mimé un nouveau rôle poétique, et lui, l'historien de ces jolis rêves, qui se réservait expressément le ballet, il avait été absent, comme Crillon; il n'avait pas été là pour peindre, avec les plus mystérieuses couleurs de la prose, l'immortelle sylphide aux ailes de papillon, s'envolant parmi les nuées extasiées ou voltigeant, comme Camille, sur les corolles frissonnantes des fleurs. A cette pensée, le feuilletoniste fut repris par la nostalgie du feuilleton. A grands cris, comme Pierrot, il demandait une plume, pour écrire, non pas un mot, mais beaucoup de mots ; et résolu à se mettre en route dès le lendemain, il alla faire ses adieux à son illustre amie.

— Ainsi vous partez demain, c'est bien décidé? lui dit-elle.

— Parfaitement, princesse, fit Janin.

— Eh bien ! alors, dit la belle Adriana, si vous me rendiez mon diamant ?

Le grand fantaisiste fut frappé comme par un coup de foudre. Oui, la princesse lui avait confié ce prodigieux soleil, qu'elle avait ôté de sa poitrine. Mais lui, Janin, qu'en avait-il fait? Il l'avait complètement oublié. Fou, terrassé, ivre d'horreur, il se sauva sans répondre, s'enfuit dans la campagne, et se mit à agiter plusieurs projets. Devait-il se faire sauter la cervelle? Ou, comme dans les pièces de Scribe, s'en aller en Amérique et, par d'habiles spéculations, y amasser une grande fortune ? Il pouvait aussi écrire un roman qui — chose peu probable en ce temps-là! — se vendrait à mille exemplaires. Ou, mieux encore, composer une pièce de théâtre qui, par une très heureuse fortune, se jouerait jusqu'à trente fois. Mais tout cela était trop long, trop difficile, trop compliqué. Ce n'était pas plus tard qu'il lui fallait le diamant, c'était dans cinq minutes, et tout de suite. Enfin, ô ravissement ! il se rappela le gilet de piqué blanc et la poche de ce gilet, où il avait mis le diamant de la princesse Adriana. Mais qu'était devenu le gilet ? Il courut à son hôtellerie, y entra comme l'ouragan, et questionna le garçon préposé à son service.

— Ah ! dit ce jocrisse, avec la sérénité de l'orgueil heureux, cette fois, monsieur, vous ne me gronderez pas. Le gilet? je l'ai tout de suite porté chez la blanchisseuse. A l'heure qu'il est, il doit être plus blanc qu'une montagne de neige, si on le blanchit toujours. Janin se précipita chez la blanchisseuse, la saisit dans ses mains tremblantes, et l'interrogea avec des angoisses mortelles.

— Ma foi! monsieur, dit cette femme stupéfaite, nous n'y pouvons plus rien, nous sommes débordés ! Pour le moment; il y a ici tant de buveurs d'eau que nous n'avons plus le temps de respirer ni de vivre. Tout le linge est encore là, par terre, jeté au hasard dans cette chambre noire. Votre gilet y est peut-être aussi.

A quatre pattes, rampant comme une bête, à demi-mort d'anxiété et d'épouvante, le Parisien se vautra dans le capharnaüm, et, bouleversant tout, retrouva, d'abord son gilet, puis, dans la poche de son gilet, le diamant, l'astre épouvantable. Il le rapporta à la princesse qui, sans rien comprendre à sa mine tragique, le remercia comme s'il lui avait apporté un bouquet de violettes d'un sou.

Et cependant, en rentrant chez lui pour faire sa malle, le bon feuilletoniste pensait avec ravissement aux princesses de théâtre, dont les pierreries n'ont pas d'autre importance que celle d'un bouchon de carafe. Et revivant les cruelles terreurs que lui avait causées le diamant fatal, il se disait, à part lui :

— Nous autres, simples bohémiens, nous ne savons pas toucher à ces choses-là, si ce n'est dans les écrins éblouis de la Chimère. Et pour plus de prudence, bornons-nous à faire miroiter et flamboyer les diamants du Style !

XXI

TANTALE

A Antonin Périvier.

En ce temps-ci, grâce aux Dieux immortels, les honnêtes gens dînent tous ; mais il y a eu des époques lointaines où beaucoup d'entre eux ne dînaient pas, faute d'argent monnoyé. C'était dans ces âges romantiques où un modèle achetait à Eugène Delacroix des toiles qu'il lui payait vingt-cinq francs, et où un artiste, qui ne manquait ni d'originalité ni de génie, brossait pour un marchand de tableaux de la rue Laffitte de faux Wateau, payés cinq francs, qu'il peignait sur de vieux dossiers de chaises. Ah ! je les ai vus, ces panneaux ivres de rose ! Certes, ils ne ressemblaient pas du tout à ce qu'ils prétendaient être, et cela pour plusieurs raisons. Entre autres celle-ci, qu'à part les gravures et *L'Embarquement pour Cythère*, le peintre, comme tout le monde alors, avait vu fort peu de Wateau ; mais c'étaient encore de bien amusants et gracieux caprices. Et il fallait voir la terreur du misérable artiste en entrant chez le marchand de tableaux, sa petite planche sous le bras, en se demandant avec angoisse si son seigneur et maître lui donnerait, ou non, les cinq francs : car il ne les donnait pas toujours !

Oui, ce cercle de l'enfer a été franchi une fois pour toutes, et personne n'y sera plus enfermé jamais. Je dîne, tu dînes, il dîne, nous dînons, ils dînent, et nul à présent n'est si abandonné du ciel que de ne pas trouver à l'heure dite sa croûte au pot et son châteaubriand aux pommes soufflées. A une exception près, cependant, qui a été décrétée jadis par un enchantement de Merlin et de Viviane. Comme sur l'ancien Pont-Neuf de Tabarin, on rencontrait toujours à quelque moment qu'on y passât, un moine, un soldat et une dame conciliante, de même jusqu'au dernier jour de Paris et tant qu'il en restera pierre sur pierre, il y aura toujours dans cette ville de Balzac, un homme, un penseur, un seul, poète, artiste, ou politique ignoré, qui, à l'heure du dîner, ne dînera pas, faute d'argent. Eh bien ! celui-là, si l'on s'en avisait, serait le sauveur, l'inventeur universel, le vainqueur de tous les nœuds gordiens, l'homme qui trouverait la quadrature du cercle, la direction des ballons, les rimes à PAMPRE, l'art d'engraisser une femme mince, et de l'encre à écrire qui ne devienne pas de la boue, et des contes non empruntés à l'Égypte où à l'Inde antique et des allégories absolument nouvelles, n'ayant rien à démêler avec les religions helléniques.

Car à sept heures et demie du soir, quand tous les éblouissements joyeux s'épanouissent sous le gaz qui flamboie, quels efforts de génie l'envie de dîner n'inspirerait-elle pas à l'unique Parisien qui n'a pas de quoi dîner, et qui sent ses dents mieux aiguisées que celles d'un jeune loup ? Ah ! il me fait rire, ce Robinson Crusoé qui veut m'attendrir, et qui a tout dans son île, des plantations, des magasins, des troupeaux de chèvres, des tortues aux œufs délicieux, et du tabac poussé naturellement, sans culture. Il a tout trouvé sur le navire échoué, des haches, des bisaiguës, des clous, des vêtements, des chemises, des légumes, de la poudre, du plomb, des fusils, des pistolets, des sabres, du blé, de l'argent même, et je ne sais pas ce qui lui manque, si ce n'est un coupon numéroté pour aller le soir à la Comédie-Française. Mais le naufragé dans Paris est bien autrement dénué ; il n'a aucun moyen de se procurer une croûte de pain ou une feuille de papier à cigarettes, et entre lui et la pièce de cinq francs, il y a des abîmes plus profonds que la tumultueuse mer, des montagnes plus hautes que la Jung-Frau, des espaces plus infinis que l'insondable éther, où gravitent éperdues les fourmillantes étoiles.

Si j'étais le président du conseil des ministres (ce dont Dieu me garde ! comme disait jadis le bon drame échevelé), vers sept heures ou sept heures un quart, je m'en irais droit à l'homme qui n'a pas de quoi dîner. Je lui montrerais, je ferais briller à ses yeux un louis flambant neuf,

18.

peut-être même en or vierge, comme dans *La Princesse de Bagdad*, et je lui tiendrais à peu près ce langage : Mon ami ! tu vas dîner tout à l'heure, rien ne saurait empêcher que tu dînes ; voilà le louis, tu l'auras, et c'est comme s'il était dans ta poche ; mais auparavant, j'ai à te demander quelques rien du tout, des choses sans importance, des vétilles qui ne sauraient t'embarrasser un instant. Je te prie, fais-moi le plaisir de résoudre immédiatement les questions économiques, la question sociale et toutes les autres questions. Remets le budget en équilibre ! Trouve le moyen de mener à bonne fin la politique coloniale, sans y engloutir des tas de millions. Comment rassurer l'agriculture, épouvantée justement par l'importation du blé étranger à trop bon marché ? Les filles errantes sont le produit naturel de nos âmes libertines, et leur existence implique celle des pâles rôdeurs qui assassinent les passants : car toute femelle a besoin d'avoir un mâle dont elle ne soit pas indigne. Cette difficulté ne comporte donc pas de solution ; cependant trouves-en une tout de même, et il est indubitable que tu auras le louis !

C'est ainsi que je parlerais au convive du festin absent, et soyez certains que toutes ces devinettes, en apparence compliquées, ne l'embarrasseraient pas une minute ! On me demandera où et comment je trouverais mon sauveur famélique ; mais cette objection n'en est pas une. Le Tantale dont j'ai besoin, dont tout le monde a besoin, ne sera pas devant la boutique du boulanger, car il pense beaucoup moins à un morceau de pain qu'au filet de bœuf, au perdreau rôti et aux écrevisses bien épicées. Il ne sera pas devant le restaurant à dix-huit sous ; car, tant qu'à désirer, à quoi bon désirer si peu de chose ? Il ne sera pas non plus devant le Café Anglais, dont la façade nue et correcte ne lui montrerait pas la figure visible de son âme. Mais tel que le grand Daumier l'a représenté, il se sera certainement arrêté, cloué par l'extase impuissante et furieuse, devant l'étalage du marchand de comestibles, où des homards savamment débités et ornés d'une gelée de topaze, des pâtés à la croûte d'or, bons à être éventrés immédiatement, des raisins faits pour couronner Ariane, des asperges pareilles à des mâts de Cocagne, des hures enveloppées d'une croustillante chapelure, des boudins noirs comme l'Érèbe, des bouteilles de vins précieux et de chaudes liqueurs semblent dire : Prends-nous ! emporte-nous ! mange-nous ! sans préjudice des ananas au plumet de feuilles vertes et des voluptueuses confitures de roses.

Mais il y a plusieurs grands magasins de comestibles ; devant lequel d'entre eux notre homme se sera-t-il arrêté ? Pas devant celui du Palais-Royal, où le crépuscule est noir et triste. Pas devant celui du boulevard, parce que là il y a trop d'espace, trop de bruit, trop de foule autour des richesses amoncelées, et que le pauvre hère ne les embrasserait pas assez étroitement de son désir, ne les tiendrait pas assez captives sous son regard. Il sera devant le magasin dont l'étalage est le plus pompeux, le plus varié, le plus éclairé, et éclabousse toute la rue de ses insolentes couleurs. Allez là tout droit, et vous l'y trouverez. Si Charlemagne, empereur d'Occident, avait connu l'homme qui n'a pas de quoi dîner, il lui aurait dit tout de suite : Prends Narbonne ! et Napoléon l'aurait envoyé conquérir l'Angleterre. Mais il ne passe pas tous les jours des empereurs dans la rue Vivienne, et de simples êtres, qui ne tenaient pas dans leur main le globe étoilé, ont quelquefois tiré un très bon parti du pauvre hère qui, pareil au peuple Araucanien, manque de toute monnaie.

Étienne Loreau, comme chacun le sait, est devenu un dessinateur célèbre. Mais en sa prime jeunesse, il observait la vie, ne pouvait pas la traduire parce qu'il ne savait pas encore dessiner, et vivait de l'air du temps, ou à peu près. Ennuyé de cette abstinence trop prolongée et semblable à elle-même, il résolut de piquer une tête dans la Seine du haut d'un pont, non cependant sans avoir savouré un repas confortable. Il alla donc se régaler tranquillement chez le spirituel restaurateur Pujole, cet ami des artistes qui, avec un tact merveilleux, ne demande rien à ses amis, et assiste à toutes les premières représentations, en payant ses places. Après avoir pris son café avec un verre de vieille eau-de-vie, et allumé un excellent cigare fourni par un garçon qui sait les choisir, Loreau demanda à parler au maître de la maison, et fut introduit auprès de Pujole qui, assis dans son cabinet, travaillait. Le convive ne fit pas d'aveux, le restaurateur ne lui en demanda pas ; ces deux hommes intelligents s'étaient compris du premier regard, et surent, avec un parfait dandysme, supprimer les développements inutiles.

— Eh bien ! oui, dit Pujole, vous avez un moyen très simple de n'être pas conduit au poste ! Comme vous avez pu le voir, je fais d'excellente cuisine ; mais bœuf, veau, mouton, poisson, pièces froides, le nombre des choses qu'on mange est forcément restreint. Au contraire, pour surexciter le désir des consommateurs, ces quelques plats doivent recevoir sans cesse des appellations nouvelles, et mon malheur, c'est que je sais moins de mots que Théophile Gautier. Tenez, voici la liste des mets qui demain matin composeront les déjeuners ; pour trois de ces mets seulement, trouvez-moi des noms inouïs, imprévus, étonnants qui, rien qu'à les lire tout bas, réveillent le convive blasé, agacent les papilles, fassent venir l'eau à la bouche, et nous serons quittes.

Il sembla à Étienne Loreau qu'à ce moment quelque mystérieuse divinité lui fendait le front avec un marteau d'or; son cerveau fut comme inondé d'un flot brûlant, et frappé, foudroyé par l'Inspiration, il entendit une voix inconnue crier à son oreille les trois noms de plats réclamés par le restaurateur. Il les cria lui-même ; c'étaient des noms harmonieux, sonores, extraordinaires, qui à la fois décrivaient les mets, en donnaient envie, et par d'heureuses onomatopées, faisaient allusion aux événements les plus récents. Pujole se jeta dans les bras de son débiteur, et après l'avoir chaudement remercié, lui mit dans la main une petite bourse en maroquin bleu, convenablement gonflée de louis.

— Mais, dit alors Étienne, devrai-je revenir une autre fois que je n'aurais pas d'argent.

— Gardez-vous-en bien, dit Pujole, vous n'auriez plus l'illusion, et l'effet ne se produirait pas ; ces coups de hasard ne servent qu'une fois. Quand je vous reverrai, au contraire, c'est que vous reviendrez ici avec beaucoup d'or, qui sera bien à vous !

Autre point de vue, la courtisane Sylvanie Toms, qui a des appétits de Gargamelle, avait bien deviné à quoi Tantale peut être bon. Une hôtellerie, dont le maître était de ses amis, lui tenait prêts, dans ses jours de fringale, un appartement coquet et un bon dîner. Elle faisait arrêter, devant l'étalage des comestibles, son coupé sombre et sans chiffre, et avisant l'homme qui n'a pas de quoi dîner.

— Venez, disait-elle, la soupe est servie !

Le malheureux ne demandait pas d'autre explication, il suivait Sylvanie, dînait comme un gouffre, et on causait après. Imaginez que la belle Toms trouvait dans son invité de hasard un interlocuteur des plus loquaces. Car si, avant de la rencontrer, il n'avait pas dîné, vous pensez bien qu'il n'avait pas aimé non plus. Et estimant qu'il ne rencontrerait pas de longtemps un tel festin, il s'empiffrait, mettait les bouchées en double, et dévorait pour la faim à venir. C'est par cette raison que Sylvanie Toms est restée jeune, à l'âge où d'ordinaire on ne l'est plus, et se porte comme le Pont-Neuf. Car ainsi que le disent à tout propos les médecins modernes, qui ne croient pas à la médecine, l'hygiène est tout !

XXII

LES VIEILLES

A Philippe Gille.

Un ambassadeur venu de l'extrême Orient s'en retournait dans son pays, après avoir fait parmi nous un assez long séjour, et comme on lui demandait ce qu'il avait le plus admiré à Paris, il répondit sans hésiter : Ce sont les vieilles femmes ! Ce diplomate parlait avec une rare sagesse, et montrait ainsi la profondeur de son génie. Car si, quelles qu'elles soient, les vieilles femmes sont intéressantes partout, combien plus à Paris, où elles portent en elles l'âme, le passé, le souvenir et la synthèse de cette ville effrayante ! Celles qui furent honnêtes, vivantes figures de la tradition et de l'esprit d'autrefois, nous apparaissent, environnées de respect, avec la majesté du devoir accompli, de la chair vaincue, de l'idéal fièrement adoré dans leurs nobles cœurs. Les autres (si toutefois il existe des femmes qui ne soient pas honnêtes, et ce serait une question à débattre) les autres, dis-je, revenues de tout avec l'implacable expérience, avec la logique sans défaut que rien ne déroute, ont vu les coulisses de la vie, les rouages de la politique, l'envers de l'amour, l'affreuse cuisine des événements et elles savent de quelle vile matière est faite la gloire humaine. Ces hommes austères, artisans de grandes œuvres, chefs d'armée, conducteurs d'hommes, que la foule regarde avec un respect mêlé d'épouvante, elles les ont vus se rouler à leurs pieds, bêtes, désarmés, et balbutiant des niaiseries enfantines ; aussi savent-elles exactement ce qu'ils valent.

Les vieilles femmes ! il faut les admirer, parce qu'elles sont toutes puissantes ; les craindre, parce qu'elles sont redoutables ; les aimer, parce qu'elles ont aimé ; et il faut avoir pitié d'elles, parce qu'elles ont subi toutes les douleurs et que leur cœur a été percé de mille glaives. En un poème inoubliable, qui durera autant que la langue française, Baudelaire a peint ces petites vieilles rétrécies, diminuées, ratatinées par l'âge, qui retrouvent au dernier moment une grâce puérile, et que l'on couche dans de petits cercueils, tout pareils à des cercueils d'enfant. Il y a aussi celles qui restent belles, celles qui acquièrent une grandeur tragique, celles chez qui la distinction, affinée et spiritualisée par un long usage, a créé quelque chose de très supérieur à la beauté. Il faut les vénérer toutes, et leur accorder à toutes une tendresse filiale. L'avocat des femmes exalté entre tous, Brantôme, partial à ce point qu'il rendait une chevelure à Marguerite de Navarre, en dépit de ses perruques historiques ; l'amoureux, le galant, le sage Brantôme voulait que les vieilles femmes fussent aimées d'amour. D'après des observations que la Physiologie confirmerait peut-être, il défendait sa thèse par des raisons délicates, moins faciles à exposer aujourd'hui qu'au temps de la Renaissance, où les jeunes reines avaient étudié la philosophie et savaient le latin. Ceci est affaire d'appréciation et de conscience. Mais ce qui est certain, c'est qu'il faut être bien avec les vieilles femmes, si on ne veut pas rester stupéfait en face de la Vie, comme devant une énigme dont on ne sait pas le mot.

Un auteur de comédies qui s'est trompé sur tout, sans exception, parce qu'il regardait tout superficiellement, a cru que si la protection des vieilles femmes est si efficace, c'est parce qu'elles possèdent de belles connaissances et qu'elles ont beaucoup d'influence dans le monde. Cette raison serait valable s'il s'agissait uniquement de nommer un chef de division ou de renverser un ministère ; mais les plus hautes relations ne servent de rien pour toucher le cœur d'une jeune fille. Il y a une cause d'un ordre bien autrement idéal et supérieur, qui, nécessairement, devait échapper à un esprit naïvement compliqué, épris de frivoles chinoiseries. C'est qu'avec un instinct impeccable et sûr, les vieilles femmes reconnaissent l'homme marqué pour les angoisses et pour les triomphes de l'amour, et par un magnétisme éternellement mystérieux, par un acte de la pensée qui n'a pas besoin d'être matériellement exprimé, sans dire un mot, sans faire un geste, elles désignent cet élu aux jeunes femmes. Il s'agit donc, toujours et uniquement, de plaire aux vieilles femmes, après quoi on aura tout le reste aussi, par surcroît.

Cette vérité élémentaire est connue depuis le commencement du monde ; mais il est facile de l'interpréter bêtement, et au contraire, il faut en saisir le sens intime et le subtil esprit. Belle à déconcerter le rêve, gracieuse, riche, innocente et spirituelle, Mlle Ernestine de Giel refusait l'un après l'autre, tous les prétendants qui lui étaient offerts. Sans doute parmi eux il s'en était trouvé d'assez dévoués, d'assez braves, d'assez fidèles pour mériter cette jeune fille adorable ; mais ils n'avaient pas su montrer qu'ils étaient ainsi, car il est souvent fort difficile de paraître ce qu'on est. A son tour, le jeune comte Robert de Harnes s'éprit de mademoiselle de Giel ; il l'aima passionnément, sentit qu'il ne pouvait vivre sans elle, et résolut de l'obtenir à tout prix. Comme il savait son A, B, C, il comprit bien qu'il ne réussirait pas sans le secours d'une vieille femme ; mais c'est dans le choix de cette vieille femme qu'il montra véritablement une profonde pensée.

Un observateur secondaire eût tâché de plaire à la mère, ou à l'aïeule, ou à la tante de l'adorée ; mieux inspiré, le comte Robert alla droit à la femme la plus supérieure qu'on rencontrât habituellement chez Mme de Giel, c'était la marquise de Tajan. Belle sous ses cheveux blancs, austère, indulgente, douée de tous les esprits et de toutes les grâces, cette vieille femme était entourée d'un universel respect. Au vu et au su de tous, sa vie était pure et irréprochable; cependant, elle portait le signe des êtres que l'Amour a touchés de son aile meurtrière, sans doute ayant su cacher dans le secret de son cœur des rêves inassouvis et des douleurs tragiques. C'est à elle que Robert de Harnes voulut et sut se montrer tel qu'il est, bon, intrépide, capable de mériter sa femme à toutes les minutes; aussi fut-il aimé par mademoiselle de Giel. Il a eu de la sagacité et de la prévision, à la minute même où il fallait en avoir, et il a dû à cela d'épouser la plus belle des Parisiennes.

Souvent des imbéciles jettent dans un coin, à titre de chiffons et de loques, des morceaux d'une étoffe fanée, passée, mais splendide encore, dont les tons délicieusement éteints et attendris emporteraient un artiste dans les plus pures extases. Ils ont ainsi supprimé sottement une source de volupté et de joie. Il ne faut pas jeter les vieux bouts d'étoffe, les vieilles femmes non plus. A l'appui de cette thèse, je veux citer deux exemples, je pourrais en citer mille.

Au moment où il allait sortir de la foule parlementaire et devenir un ministre qui façonnerait de ses mains les destinées de l'Europe, le grand tribun Morénas éprouva le besoin impérieux d'avoir un salon, où il tiendrait sous sa main les diplomates, les généraux, les chefs des diverses opinions, et à force d'éloquence et de flatteries, leur imposerait ses idées. Mais ce salon, il fallait une femme pour en faire les honneurs ; et où la prendre ? Les circonstances talonnaient de trop près le célèbre avocat pour qu'il eût le temps de se marier, et un mariage ne s'improvise pas aussi vite qu'un discours à sensation. Mentalement, Morénas passa en revue ses tantes, ses cousines, toute sa parenté féminines ; épicières, mercières, marchandes d'huile dans une petite ville du Midi, toutes ces femelles avaient le goût des ragoûts à l'ail, et un accent terrible. Pas une d'entre elles qui pût être débarbouillée assez tôt pour jouer un rôle parisien, quand même on y aurait employé l'ambroisie par litres ! Et les minutes comptaient double.

Ne sachant comment résoudre le problème, le tribun, quoiqu'il fût très occupé, se promenait fièvreusement pour réfléchir, et pendant de longues heures arpentait la ville incognito, à la façon du calife Haroun al-Raschid et du prince Rodolphe. Le soir d'un jour où la chaleur avait été accablante, mourant de soif, il entra dans une sorte de cabaret coupe-gorge, sur les hauteurs de Montmartre, où buvaient des ouvriers flâneurs, des rôdeurs, des voleurs, et quelques filles aux tignasses ébouriffées. Il y avait là de nombreuses querelles, naturellement, et parfois on voyait s'allumer dans l'ombre l'éclair d'acier d'un couteau. Au bout d'une table, une vieille à la face tachée de terre, coiffée d'un hideux mouchoir, mal couverte de vagues haillons, parlait à tous, rétablissait l'ordre, et par la flatterie ou par l'ironie pacifiait les différends. Morénas, qui a, comme l'eut Napoléon, le don de nommer, une par une, les brebis du troupeau humain, chercha dans sa mémoire, et reconnut Joséphine Tourailles, une ancienne courtisane célèbre, chez qui se brassait la politique, alors qu'il était, lui, un enfant. Du coin de l'œil, il lui fit un imperceptible signe que comprennent tous les Parisiens initiés, puis il sortit, et au bout de quelques instants, elle le rejoignit dans la rue obscure.

Le tribun expliqua ce qu'il voulait à la vieille Joséphine, qui ne fut nullement surprise, et elle empocha le portefeuille bourré de billets de banque que lui tendit le tribun, sans plus d'émotion que si c'eût été une pièce de deux sous. Le surlendemain, descendant d'un équipage correct, portant magnifiquement sa robe élégante et sévère, jouant de l'éventail comme une duchesse ou une grisette espagnole, Mme de Tourailles se présentait chez Morénas, qui après s'être concerté avec elle, put inaugurer ses salons, où furent prises des résolutions qui changèrent la figure du monde. Jamais tante d'aspirant ministre ne sut mieux manier que Joséphine la raillerie, la louange, l'art de tout dire et de ne rien dire, et il est certain que Morénas lui a dû en partie sa haute fortune. Dès que son *neveu* n'a plus eu besoin d'elle, elle a disparu de la scène politique, sans tambour ni trompette. On la croit en Russie, chargée d'une mission délicate; la vérité, c'est que dans une jolie maison à jardin, coloriée comme celles de Venise, elle achève tranquillement sa vie à Asnières en cultivant des choux et des roses.

Attablés chez Bignon, et buvant le café en fumant de bons cigares, trois viveurs se désolaient sur la fameuse Régine Burrias. — Ah! disait l'un d'eux, Etienne Aury, quel malheur que la vieillesse l'ait enfin atteinte! Car de plus belle que celle-là, on n'en fera jamais; des yeux mystérieux, une lèvre amoureuse, une démarche pleine de grâce, et des mains de sainte dans les images! — A peine si sa taille s'est un peu alourdie, fit Chabanette, mais elle a ses cheveux et ses dents, et tout le reste! Seulement il faut bien céder à l'âge, et Régine a au moins... — Eh oui! interrompit Matar, mais si elle ne les avait pas, quelle femme la pourrait valoir? Ah! croyez-le, elle mérite tous nos regrets. — Messieurs, dit l'invité unique de ces trois jeunes hommes, le richissime banquier de Boston, Rufus Alden, je comprends mal vos plaintes stériles. Dans l'état de Massachussets, nous sommes des gens pratiques, et pour nous, penser une chose et la faire sont deux opérations simultanées. En parlant de cette Régine Burrias, douée de toutes les perfections, vous dites que pour être jeune, il lui manque seulement de ne pas être vieille. S'il en est ainsi, il n'y a qu'à effacer sa vieillesse, et je vous donne ma parole que demain à cette heure-ci, elle sera plus jeune qu'une matinée de printemps!

Régine, abandonnée, en était tombée aux robes pauvres et aux corsets de pacotille : non seulement Rufus lui prodigua les belles robes, les corsets de soie qui d'une Gothon feraient une duchesse, les joyaux, les lingeries, tout ce qui ressuscite la femme ; mais il la plongea franchement dans un bain d'or ; il lui donna un hôtel aux vestibules pavés de lapis et de marbre rose ; enfin il lui rendit le succès et la confiance en elle-même. La première fois qu'il parut avec elle à l'Opéra, il y eut un long murmure d'admiration stupéfaite ; tout Paris était devenu amoureux d'elle, et un mois ne s'était pas écoulé, que Rufus Alden avait été forcé de transpercer à coups d'épée trois de ses rivaux. Un portrait de Lucien Doucet qui représente Régine dans tout l'éclat de sa beauté reconquise, vêtue de velours blanc, avec une parure de topazes, fut, comme on se le rappelle, le grand succès du dernier Salon, et un poète illustre écrivit à la louange de cette charmeuse des strophes que nulle princesse n'eût dédaignées. Rufus Alden lui a donné une fortune, et ce qui vaut mille fois plus, la possibilité de charmer l'or comme le reste et de le faire venir à elle spontanément. Au bout de quelque temps, rappelé à Boston par des intérêts pressants, le négociant adressa à Régine Burrias les plus affectueux et les plus sages adieux.

— Ma victorieuse amie, lui dit-il, j'ai été assez heureux pour vous remettre dans votre vrai jour, ce qui était bien facile ; tout l'honneur est pour moi et tout le plaisir. Mais ne commettez plus d'étourderie, empoignez le cheval par la crinière, sachez vous défendre, et puisque vous voilà redevenue jeune, restez-le !

XXIII

STATUES

A Leconte de Lisle.

A ce qu'il semble, nous aurons bientôt sur les places publiques les statues de tous nos grands hommes ; mais de quelle couleur seront-elles ? A moins qu'il ne représente des figures élégantes, allongées et graciles, le bronze est triste. Sous notre ciel, parfois affreux, le beau marbre blanc de Paros arrive promptement à faire de la bouillie pour les chats : voyez les deux Comédies du monument de Molière ! Et comme le dit un élève de Falguière, déjà célèbre, il en sera ainsi tant que ces *feignants* de chimistes n'auront pas trouvé un ingrédient qui protège le marbre contre les ignobles et détestables souillures.

Baudelaire, qui, en toute chose, était pour le raffiné, pour le compliqué, pour l'amusant, et surtout pour le moderne, demandait à grands cris que les statues des hommes modernes fussent polychromes. Depuis lors, les essais si intéressants de Henry Cros et de Ringel lui ont donné raison ; cela a manqué seulement d'un peu de Jules II et de quelques Médicis! Les anciens, qui luttaient contre des procédés matériels d'une application si difficile, Phidias martelant des feuilles d'or déjà posées sur du bois préalablement sculpté, créaient pourtant les chefs-d'œuvre de la sculpture chryséléphantine. Que n'eussent-ils pas fait s'ils avaient possédé nos admirables moyens de galvanoplastie, avec lesquels on dore tout ce qu'on veut, comme on veut?

On eût marché, à Athènes, dans des avenues bordées de statues d'or, représentant des Dieux et des héros ; car une statue de bronze doré, dont la dorure peut être, quand on le veut, renouvelée et toujours neuve, est exactement une statue d'or, en tant qu'il ne s'agit pas de la monnoyer et de la vendre

Et nous aussi de même, Parisiens de l'heure présente, si nous n'étions possédés par l'exécrable amour de la simplicité, nous pourrions avoir tout en or les figures des génies, doublement resplendissantes. Pour ma part, j'imagine que le grand Balzac rirait de bon cœur, en sentant qu'il est en or, tout autant que Nucingen, à moins qu'on ne brise les figures pour regarder le métal en dedans, auquel cas elles n'existent plus.

Une fois qu'on aurait choisi le métal, en admettant pour le parer et l'aviver les colorations les plus diverses, l'or, l'argent, les émaux, lorsqu'il s'agit de contemporains, comment doit-on les costumer pour la vie éternelle ? Question grave et qui cependant devient très simple, avec beaucoup d'audace et de génie. Certes, nous avons le bonheur de posséder de très grands statuaires ; mais quelquefois ils font comme l'enfant Chérubin, et n'osent pas oser.

Il faudrait voir toujours, se rappeler toujours, ne jamais perdre de vue ce chef-d'œuvre des chefs-d'œuvre : le Voltaire de Houdon. Le divin statuaire français l'a prouvé et démontré par ce prodigieux exemple sans réplique, dans un art qui est, comme le disait justement Préault, une apothéose, une invention initiale et hardie peut être infiniment plus vraie que la réalité. Cette noble draperie flottante aux plis héroïques et calmes, ne ressemble pas aux vêtements que Voltaire portait en effet; mais elle nous le montre comme il faut que nous le voyions, dans le recueillement silencieux de la pensée.

La réalité, elle est dans les mains fines et rusées, dans le spirituel visage, creusé de profondes rides et avivé par des yeux qui semblent des trous creusés au-dessus d'une fournaise. Jetant au loin la perruque, pourtant caractéristique, du poète (qu'il a si bien représentée dans le buste de marbre en habit de ville) Houdon a mis sur le front dépouillé et nu de Voltaire la fine, douce et soyeuse chevelure blanche qu'il aurait dû avoir, qu'il aurait certainement eue, si les Dieux, occupés à autre chose, n'avaient oublié par distraction de la lui donner. Et cela n'a été que juste, rigoureusement juste ; car le conteur de Candide ne devait pas, par sa calvitie, faire rire les Ombres, et d'autre part, si bien faite qu'elle soit, on ne vit pas dans les vastes cieux avec une perruque.

On le sait, celui qui fut Bonaparte et Napoléon a trouvé les plus beaux costumes de guerre qui furent jamais, son costume rouge de premier consul et le merveilleux uniforme de colonel des chasseurs de la garde, admirablement accompagné par le petit chapeau et la redingote grise. Ce petit chapeau et cette redingote, que nous avons pu voir en réalité au Musée des Souverains, ont été, il faut bien le dire, très retouchés et heureusement arrangés par Gros dans le tableau de la bataille d'Eylau et, bien plus tard, par Charlet et Raffet, en leurs charmantes lithographies. Mais tel fut le prestige de ces deux artistes : en dépit du Musée des Souverains et de son exhibition brutale, les rares vivants qui ont vu l'Empereur *se rappellent* l'avoir vu avec le petit chapeau, tel que le dessinent Raffet et Charlet, et, si on chicanait en eux cette foi, se fâcheraient tout rouge. Donc l'habillement de Napoléon est vrai, en dépit de la réalité et de l'Histoire.

Et, soit avec les bottes à l'écuyère, soit avec la culotte courte de casimir blanc, les bas de soie blancs et les escarpins, il sert on ne peut mieux à figurer Napoléon, dans les tableaux historiques, dans les portraits, dans les dessins, dans toutes les représentations anecdotiques. Mais il devient tout à fait insuffisant, lorsqu'il s'agit de sculpter pour l'éternité ce César, successeur direct de Jules César, qui alors doit porter le manteau militaire des empereurs, tel que Rude l'a montré dans le haut relief de l'Arc de Triomphe.

Dans plusieurs des éditions de ses œuvres publiées de son vivant, le dieu de la Pléiade, le grand lyrique Ronsard, celui que la Renaissance nomma le Prince des Poètes, fut représenté, tel qu'il voulait, tel qu'il devait être, tel que son œuvre exigeait qu'il fût.

A côté de sa guerrière Cassandre, montrant sa tête régulière sous un fouillis de tresses, de torsades, de frisures, de nœuds, de perles, qui ressemble à la coiffure de Diane de Poitiers, lui, le poète Vendômois, il est vêtu de la cuirasse romaine aux ornements arrondis et fleuris, et son front chevelu est royalement orné du laurier.

Et telle est la vérité pure ; car, pour notre grand malheur peut-être, tout en célébrant les Amours que la reine Catherine lui ordonnait d'avoir, Ronsard fut grec et latin, au lieu de suivre la glorieuse veine française de Villon. Aussi, quand nous vîmes la statue, parfaite d'ailleurs, qui, il y a quelques années, fut érigée en l'honneur du poète des Odes Pindariques, nous ne pûmes, nous autres rimeurs, le reconnaître sous le costume qu'il porta sans doute à la cour des Valois ; car l'habit de triomphateur romain concorde à sa pensée et à son âme.

Cela étant, je ne dis pas comment sera, mais comment devrait être, vêtu le Balzac représenté dans une statue qui se dressera sur une des places de son Paris ? Pour moi, cela ne fait pas l'ombre d'un doute, et comme dit un des plus abominables lieux communs de la phraséologie politique, *poser la question, c'est la résoudre.*

Évidemment, absolument, sans objection possible, le fils de Rabelais devrait paraître, aux regards des générations actuelles et futures, vêtu de sa robe blanche de moine, le seul habit qu'il porta avec suite, et qui fut vraiment le sien, car Balzac n'était pas seulement vêtu en moine ; il était, en effet, un vrai moine, voué aux immenses travaux continus, aux privations, aux joies, aux chastes voluptés créatrices de la solitude. Comme nous le savons, quand le grand Tourangeau dépouillait sa robe de moine, et, pendant de très courts instants, quittait sa féconde solitude pour s'exiler au milieu des hommes, habillé tantôt avec une négligence que lui faisaient pardonner les extases de son génie, tantôt avec un dandysme exagéré et puéril, qui devenait un rôle postiche, il cessait de se ressembler et d'être lui. Il était lui, au contraire, dans le couvent idéal, plus solidement fermé sur lui par son pieux amour de la méditation et de la création qu'il ne l'eût été par des murailles, et où il voyait l'Humanité absolue, sans être trompé et ébloui par de vaines apparences.

Aussi faudrait-il représenter avec sa robe de moine celui qui vécut dans une cellule animée et vivifiée par le mystérieux silence : mais il n'est pas possible qu'on s'arrête à ce parti, puisque le bon sens et la nature des choses exigeraient impérieusement qu'on s'y arrêtât. Et n'est-il pas inévitable qu'en toute chose l'homme sans réflexion obéisse à sa fantaisie, qui consiste précisément à manquer de fantaisie ?

On peut voir au foyer de la Comédie-Française une statue de George Sand en marbre blanc, où Clésinger a prodigué ses qualités aimables et charmeresses. C'est sans doute une bonne statue, mais pas une bonne statue de George Sand, parce qu'en la modelant, l'artiste s'est trop exactement et je dirais presque trop servilement inspiré de ce même Voltaire du grand Houdon que je louangeais tout à l'heure. En effet, il ne s'agit pas d'imiter ce chef-d'œuvre ; il s'agit d'imiter, s'il se peut, la puissance de compréhension et d'intuition avec laquelle le moderne statuaire de Diane pénétrait et s'installait dans une âme.

Parmi les images plastiques du poète d'*Indiana*, de *Lélia*, des *Sept Cordes de la Lyre*, une seule est géniale, sincère et véritablement trouvée. C'est cette gravure au burin, dans laquelle Calamatta a reproduit, en le surpassant peut-être, l'étonnant camaïeu peint par Eugène Delacroix, qui, je crois, appartient à M. Buloz. Il ne faut pas dire que George Sand, est, dans ce portrait *habillée en homme*, ce qui serait inexact. Mais, par une conception audacieuse, elle est librement enveloppée dans une redingote non faite pour elle et trop large, dans un vêtement masculin qui la montre et la laisse parfaitement femme, dessinant sans les souligner les beautés plantureuses de son jeune corps ; car c'est le temps de ses premiers chefs-d'œuvre.

Il est mis là, ce vêtement masculin, uniquement

pour affirmer par un signe visible que la France peut faire pour George Sand ce que la Grèce antique avait fait pour la noble Sapho en la rangeant, non seulement parmi les grandes poètesses, mais aussi parmi les grands poètes. Quand il s'agira de modeler la statue définitive, c'est à ce portrait de Delacroix et de Calamatta qu'il conviendrait d'avoir recours ; mais pour cela, il ne faudrait pas plus avoir froid aux yeux que pour se planter devant la bouche d'un canon.

J'ai gardé pour la fin la question la plus grave la plus difficile, la plus impossible. Dans sa statue qu'il faudra prochainement dresser sous le ciel, comment devra être vêtu Victor Hugo, ce dieu qui est de tous les pays, de tous les temps et de toutes les éternités ?

La difficulté me paraît résolue par un tableau de Ribera, dont j'ai seulement la reproduction dans un volume de la Bibliothèque des Merveilles, et qui représente, hors des âges et d'une manière absolue, le Poète enveloppé dans une longue draperie flottante. En cette image, le Poète, dont la qualité divine est exprimée seulement par la noblesse de son front et de son regard et la calme tranquillité de ses lèvres, paraît sans la Lyre, sans le Laurier, sans aucun attribut. Parce qu'un attribut, quel qu'il fût, semblerait trop inférieur à la noblesse et à l'universalité de son génie.

XXIV

CIGARETTES

A Jules Perrin.

Il ne peut plus y avoir et — dans très peu de temps il n'y aura plus du tout — de fumeurs de cigarettes. Aussi les historiens des mœurs doivent-ils chercher la cause de cette transformation inévitable, et il est temps pour eux d'étudier un type très intéressant qui va disparaître. J'ai insisté, dans d'autres études, sur la révolution qui s'est produite en France, dans la manière d'être et de penser de tout le monde. Autrefois il y avait des gens qui, pour l'amour d'un idéal quelconque, renonçaient volontiers à l'espoir de posséder certains biens matériels et même, au besoin, consentaient à vivre pauvres. Nous avons changé cela, retourné cela comme un gant. Personne, de gaieté de cœur, ne jette sa part aux chiens, ne renonce à posséder le million réglementaire, indispensable pour vivre décemment à Paris, et à héberger toutes les belles femmes au milieu du luxe, dans une demeure magnifiquement ornée.

En un mot, tout le monde veut tout, or, la Cigarette, qui est la plus impérieuse, la plus occupante, la plus exigeante, la plus amoureuse, la plus raffinée des maîtresses, ne tolère rien de ce qui n'est pas elle, et ne s'arrange avec rien ; elle inspire une passion absolue, exclusive, féroce, comme le Jeu et le Bouquin.

Le fumeur de cigarettes doit toujours, à chaque instant, avoir les deux mains libres et aussi les lèvres ; il ne peut donc être ni un ambitieux, ni un travailleur, ni, à de très rares exceptions près, un poète ou un artiste ; toute besogne lui est interdite, et même l'ineffable volupté du baiser. Mais, me dira-t-on, il ne fume pas à chaque seconde. Si fait ! sans quoi il ne serait plus un fumeur de cigarettes. Les autres gens, lorsque, après le repas ou à d'autres moments bien choisis, ils fument une pipe ou un cigare, satisfont un besoin et, par conséquent, le détruisent. Il en est tout autrement de la Cigarette : elle-même, elle crée une délicieuse, voluptueuse, cruelle et douce excitation qui plus on y cède et plus elle se renouvelle, et qui ne s'endort et ne s'éteint jamais.

A quel moment du jour ou de la nuit le fumeur de cigarettes interrompt-il sa *fumerie ?* Jamais, et ce moment n'existe pas, ne saurait exister. C'est pourquoi le fumeur de cigarettes ne peut aller dans aucun monde, et fréquenter chez personne, pas même chez un artiste superbement logé, dont la femme permet qu'on fume sans cesse et partout et dont la maison est agencée pour cela, car même là il y a un peu de trêve et de répit.

Il n'est guère possible qu'on ne cesse pas de fumer cinq minutes avant que la table du dîner soit dressée, pour ne recommencer qu'au moment où sont servis les vins les plus rares, les raisins d'or et de pourpre violette. Un tel interminable et insupportable entr'acte ne ferait pas l'affaire du fumeur de cigarettes, qui veut pouvoir fumer pendant le dîner et, d'ailleurs, ne saurait faire autrement. Mais à quel instant du dîner? A tous les instants, sans exception. J'ai vu à Nice, chez Alphonse Karr, une dame russe des plus distinguées aux cheveux blancs comme la neige, qui, après avoir mangé seulement quelques cuillerées de son potage, s'interrompit pour faire et pour fumer une cigarette. Cette grande dame eût été une véritable fumeuse de cigarettes, si les femmes pouvaient être en proie à cette passion exclusive et jalouse. Mais il n'en est pas ainsi. Il arrive toujours un instant où Juliette veut avoir ses petites mains libres pour pouvoir embrasser Roméo. D'autres dames tricotent, font des confitures, lisent le livre à la mode, et nécessairement, pendant cet instant-là, interrompent leur *fumerie;* ce qui est contraire à la nature même d'une possession dont le caractère essentiel est d'être absolument continue, de ne faire jamais grâce.

Mais que de conditions il faut réunir pour être un vrai fumeur de cigarettes! — D'abord et avant tout, car il faut définir, qu'est-ce que la Cigarette? C'est une pincée de tabac, roulée dans une petite feuille de papier de fil. Mais une fois le tabac posé et étalé également, il faut que la feuille soit roulée élégamment, rapidement, avec une harmonie rhythmique, d'un geste rapide et sûr. Cela fini, la Cigarette est-elle faite? Nullement, car elle ne doit jamais être arrêtée et définie; sans cesse repétrie, roulée à nouveau, selon le génie particulier de celui qui la fume, elle reste variée, diverse, impressionnable, sensible, vivante; n'est-ce pas dire à quel point il est peu artiste de fumer des cigarettes vendues toutes faites, fabriquées à la mécanique? Insistons encore sur quelques points. L'homme qui fume la cigarette par pauvreté, parce qu'il n'est pas assez riche pour payer de bons cigares, ne sera jamais un fumeur de cigarettes; non plus celui que peuvent contenter une pipe ou un cigare; car, fumant une pipe ou un cigare, le vrai fumeur de cigarettes aura avidement faim de sa cigarette follement adorée et, pour la reprendre, quittera tout le reste.

Mais enfin cette tyrannique Cigarette qui vous prend tout, vous chasse de tout, vous exile de tout, vous mène-t-elle quelque part et vous donne-t-elle quelque chose? Oui, elle vous donne une calme et virile résignation qui n'exclut pas l'action, et elle vous emporte dans l'inaltérable joie mystique. Tous les grands fumeurs de cigarettes sont des résignés et des mystiques, jamais des ambitieux ou des bavards.

A vrai dire, la réalité semble parfois me donner un démenti. Mais c'est lorsqu'elle est mal étudiée. George Sand fut un des plus terribles fumeurs de cigarettes qui ait jamais existé. Aux répétitions de ses pièces, elle ne pouvait fumer, naturellement, puisque les ordonnances de police sont inflexibles. Seulement, voici ce qui arrivait : après cinq à six minutes passées sans fumer, le poète de *Lélia* ne comprenait plus du tout ce qu'on faisait, entendait résonner comme un vain bruit les paroles qu'elle avait elle-même écrites, et voyait les acteurs flotter dans un nuage, comme de vagues ombres. Si donc son avis devenait indispensable, force était bien de la laisser fumer ; mais alors arrivait l'incorruptible pompier, qui au théâtre ne tolère pas plus l'incendie d'un papelito que celui de l'édifice, et c'est là un dilemme dont on ne put jamais sortir.

Essentiellement femme d'action, ne s'arrêtant jamais de créer et de produire, écrivant chaque nuit le même nombre de pages, qui contenaient le même nombre de lignes et le même nombre de lettres, on comprend mal au premier abord comment George Sand a pu appartenir à la Cigarette, qui est la résignation et le rêve. Cependant, rien de plus simple. Cette bonne bourgeoise, qui aimait à s'occuper d'entomologie et faisait des confitures, dès que tombait la nuit, devenait la proie d'un démon de génie, qui envahissait, domptait sa pensée et lui dictait des pages sublimes. En somme, tout cela se passait en dehors d'elle, s'accomplissait sans qu'elle dût s'en mêler ; aussi, pouvait-elle fumer, comme si elle n'avait rien eu à faire.

Un des plus grands, des plus obstinés fumeurs de cigarettes fut l'empereur Napoléon III. Cependant, il semble qu'il ait été un ambitieux, mais c'est une erreur. Entièrement fataliste, il obéissait, sans y mettre du sien, à un plan qu'il croyait tracé d'avance et sans sa participation. Aussi fut-il résigné dans les bonheurs les plus imprévus et dans les plus terribles revers, et quand tout fut fini, comme de coutume, il alluma tranquillement sa cigarette. Cette visible rêverie, cette fumée qui emporte l'âme dans des paradis plus immatériels que ceux de l'opium et du haschich, donnant à un chef d'État le calme suprême, indignaient particulièrement cet irascible Émile de Girardin, pareil à du vif argent, qui ne se reposa jamais et dont la mèche napoléonienne ressemblait sur son front à un serpent irrité. Et — ceci est audacieux peut-être ! — dans les colères épiques de l'Érinnye qui dicta *Les Châtiments*, peut-être entra-t-il un peu d'irritation contre le fumeur de cigarettes, dont la manie consolatrice ne pouvait être comprise par le poète des *Orientales*.

Girardin, Hugo étaient des hommes de dix-huit-cent-trente, et en dix-huit-cent-trente, on ne fumait pas; car les artistes et les écrivains vivaient dans le vrai monde, parmi des femmes distinguées, qui plus tard, il est vrai, se convertirent à la fumée : mais le temps n'était pas venu !

Hugo, particulièrement, exécrait les mœurs de corps de garde, et on n'avait jamais fumé chez Victor Hugo pair de France. Il n'en fut pas de même lorsque le grand poète fut un exilé et un proscrit. Et plus tard, pendant le siège, je me rappelle avoir vu à sa table des officiers de la garde nationale qui, au dessert, fumaient des cigares et des pipes. Mais c'était l'Année Terrible ! Bien qu'il appartînt à peu près à la même époque illustre que Hugo, Alfred de Musset, rêveur, féminin, charmeur, a toujours été un fumeur de cigarettes. Je le vois encore au Divan, ayant près de lui, sur sa table, un paquet de Maryland, un cahier de papier avec l'image du contrebandier et une boîte d'allumettes cylindrique, en bois peint en rouge. Comme le poète exerce un art où la retouche est aussi impossible que dans la fresque, et doit toujours réussir du premier coup, seul peut-être, parmi les écrivains, il a le droit d'allumer une cigarette pour relire le feuillet qu'il vient d'écrire. Mais un Titan comme Hugo n'avait pas à relire ses feuillets, le temps étant pour lui trop précieux.

Puisque le fumeur de cigarettes va décidément disparaître, il est indispensable de lui rendre justice. Sachez donc que les plus généreuses fées ont dû se pencher tendrement sur son berceau. Il doit avoir des mains élégantes et fines, aussi nécessaires pour rouler une cigarette que pour jouer de la harpe, et il est très utile aussi que son visage soit jeune et beau, ou du moins, s'il ne l'est plus, qu'il l'ait été jadis, et conserve le charme de ce qui fut exquis. La propreté, dont le contraire est horrible, ne saurait être un sujet de louange ; mais la propreté du vrai fumeur de cigarettes mérite cependant d'être admirée, comme tout ce qui est idéal et surnaturel. Le côté de la cigarette qui touche ses lèvres n'est jamais mouillé ni humide; il ne tousse pas, ne crache pas, et peut vivre dans un salon où on marche sur des tapis de velours blanc, sans y laisser tomber jamais un grain de cendre. Il répond dès qu'on lui parle, ne faisant pas attendre son interlocuteur, pour tirer une bouffée de plus, et ne fait jamais de discours; enfin la fumée ne souille et ne brunit pas ses ongles roses.

Mais pour parler comme Figaro, aux qualités que j'exige de cet être d'exception, connaissez-vous beaucoup de héros, de diplomates, d'hommes à bonnes fortunes qui seraient capables d'être des fumeurs de cigarettes? Non certes, car ce passe-temps meurtrier exigeait plus de qualités, d'aptitudes, de dons merveilleux qu'il n'en faut pour enchanter, dompter, gouverner les hommes et même les femmes. On y a renoncé, on a vu que c'était de la duperie, qu'il vaut mieux plonger les bras dans l'or, porter un habit brodé éclaboussé d'astres, s'enivrer voluptueusement de regards et de sourires, enfin savourer tous les bonheurs, que de mettre son unique soin à créer une envie qui ne peut être satisfaite. Pourtant, n'était-ce pas un joli dandysme, que de donner sa vie à un désir cruel, inextinguible et complètement inutile?

XXV

PLACE ROYALE

A Claude Couturier.

Ce qui rend quelquefois la fin de la vie un peu supportable, c'est qu'alors le souvenir des malheurs subis, des douleurs les plus cuisantes, s'est vaguement radouci, tandis qu'au contraire, on se rappelle avec une prodigieuse intensité les très rares minutes complètement heureuses dont nulle existence, pour désolée qu'elle ait pu être, ne fut déshéritée. Et en remontant dans votre mémoire, contrôlez ce fait évident, le souvenir ressuscité d'un moment délicieux est mille fois plus suave encore, il s'y mêle la sensation de l'air parfumé rafraîchissant votre visage par une belle nuit d'été. C'est ainsi que dans ma longue chevelure d'enfant soufflait la caressante brise, sur cette Place Royale où triomphait la blanche statue de marbre, sous le baiser glacé des étoiles.

Invité par une de ces petites lettres dont il avait le génie (entre autres génies), j'étais venu pour la première fois à l'une des soirées du dimanche de Victor Hugo. Naturellement, dans ma chambrette, calme, jolie et pleine de rêves, je m'étais figuré un palais de la Poésie, avec sa cour et son roi, où se trouvaient réunis tous les éblouissements, toutes les pompes et toutes les magnificences, et où la pensée voltigeait prestigieuse et rapide, avec un bruissement d'ailes. Or, ce qu'il me fut donné d'admirer était parfaitement égal, sinon supérieur à ce que j'avais imaginé, et dans cette circonstance (pesez ce qui tient dans un tel mot) il n'y eut aucune désillusion !

Je le vis d'abord lui, le Poète, tel qu'il était, tel qu'il devait être et tel que ses portraits déjà nombreux ne m'avaient pas empêché de le voir et de me le figurer. Il était jeune, mais comme le fut Napoléon, avec le charme, avec la grâce du printemps de la vie, mais avec l'autorité d'un vieillard. La certitude qui brillait dans ses yeux clairs et sur sa bouche, si énergique et profondément bonne, ne laissait aucune place à l'orgueil ni à la modestie ; sentiments qui n'auraient eu aucune raison d'être chez le maître incontesté, dont le destin tracé d'avance faisait obéir les autres et lui-même. Aussi, nul signe matériel de respect ne lui était adressé, et nulle flatterie, si délicate qu'elle fût. Tout cela, c'étaient des choses convenues et sous-entendues, affirmées avec d'autant plus de certitude, qu'elles ne se manifestaient pas. Il était écrit que, ce jour-là, rien ne m'étonnerait. Que le plus grand des poètes, fût absolument bon et simple, et toujours sût dire en un mot la chose qu'il faut dire à chacun, très bien et très vite ; qu'il sût baiser la main d'une femme, comme un seigneur ; qu'il fût pair de France, comme Roland, et qu'autour de lui fût rassemblé tout ce qu'il y avait de grand, de noble, de divin, d'amusant dans l'admirable Paris, cela me parut aussi naturel, aussi nécessaire que de voir une princesse des Contes de Fées vêtue de robes couleur de soleil et couleur de lune.

L'ancienne maison de Marion Delorme était magnifique, par l'ampleur, par la hauteur et par la grande allure des appartements. Dans le grand salon, se faisaient face deux énormes cheminées à manteau, sur la tablette desquelles étaient posés des chandeliers et des miroirs. Ces cheminées, je les vis plus tard, superbes, dévorant des amas de chênes pareils au bûcher d'Hercule ; mais ce soir-là, je l'ai dit, était un soir d'été, et d'ailleurs (j'aurai la bravoure de ne pas reculer devant un madrigal qui s'impose) il y avait là à contempler bien d'autres flammes ! En effet, en un cercle serré, éclatant de beauté, de jeunesse, de grâce, de parure, était réuni là un peuple de femmes, blancheurs, prunelles de nuit et de flamme, sourires de pourpre rose ; à ce qu'il me semble, toutes celles que j'avais pu voir dans les histoires de Balzac déjà parues, et qui plus tard devaient devenir *La Comédie Humaine*. Au milieu de ce cercle de femmes était placé un énorme, gigantesque, vertigineux amas de fleurs, étalant des corolles de neige, de pourpre, d'or, d'azur. Assurément c'était là une idée peu compliquée, mais que l'assemblage de toutes ces beautés adorablement diverses rendait opportune et raisonnable.

Mais tout disparaissait devant la beauté éclatante et souveraine de Mme Victor Hugo. Elle revit dans un buste immortel, qui la montre telle qu'elle fut, avec ses grands yeux, son front magnifique, son nez impérieux et délicat, ses lèvres royales, sa chevelure sombre comme la nuit, et son cou d'une splendeur marmoréenne. Il me semble juste et légitime que le plus grand des hommes eût obtenu une telle compagne. On sait qu'après des amours traversées par mille obstacles, il l'avait épousée, étant, lui, âgé de dix-huit ans.

La très grande salle à manger était, comme tout le reste de l'appartement, décorée avec une magnificence pleine de goût et de hardiesse. Un dais, qui avait appartenu à Mme de Maintenon, se développait au-dessus d'un large divan, qui n'était pas du tout un trône, quoi qu'en aient pu dire les farceurs d'alors ; car Victor Hugo a toujours aimé les meubles curieux, mais pas à ce point là ! Il fut toujours un grand tapissier ; il l'était encore, avec ses millions, lorsque, peintre et statuaire, il travaillait en ouvrier aux merveilles d'Hauteville-House ; il l'était déjà Place Royale, alors que, relativement pauvre, il découvrait cependant des consoles et des horloges du meilleur style ; mais le bric-à-brac était encore à bon marché ; on sait comme nous avons changé tout cela !

Les murs étaient tendus d'un antique damas de soie rouge, épais comme une planche, qui fournissait aussi les lambrequins et les vastes rideaux. Tout entières tendues de la même étoffe, les embrasures des fenêtres étaient si larges et si profondes que chacune d'elles formait comme un petit salon, où on venait s'abriter pour causer. Et certes, ce n'étaient pas les causeurs qui manquaient là! Poètes, écrivains, peintres, musiciens, statuaires, quiconque était ou devenait célèbre à Paris s'était rendu à son devoir et à son plaisir, et il n'y avait qu'à prêter l'oreille pour entendre l'esprit ruisseler, comme le flot murmurant d'une fontaine. Et c'était un immense peuple de jeunes gens aux fiers sourires, aux prunelles hardies, aux épaisses et soyeuses chevelures.

Oui, de jeunes gens; car en ce temps-là, excepté à l'Institut, il n'y avait pas de vieillards, et dans la foule de ces charmeurs, on eût en vain cherché un crâne nu. Comme, naguère, la Convention avait décrété la Victoire, le Romantisme avait décrété le génie et la jeunesse, et du temps où chantaient *Les Orientales*, nul poète et nul artiste à Paris n'était chauve.

Non seulement ils n'étaient pas chauves en commençant la vie, mais ils ne le devinrent jamais, même en la finissant, et le grand Arago, Michelet, Ingres, Delacroix, Musset, Victor Hugo, Théophile Gautier sont morts en ayant sur leurs têtes des toisons, des crinières, des chevelures de pâtre dans la forêt. Les hommes de 1830 ne devaient pas connaître la calvitie; elle fut inaugurée par leurs successeurs immédiats, entrés dans la vie une dizaine d'années après eux. Cependant, tandis que je regardais tous ces Argonautes partant pour la conquête, ivres d'enthousiasme, de volonté, de confiance et d'amour, sur une table était largement ouvert un grand, un vaste album. A qui appartenait-il ? Je l'ignore. Personne n'en faisait les honneurs, et sans en être sollicité en aucune façon, chacun venait tour à tour écrire sur ses énormes pages blanches des vers ou de la prose, ou griffonner en quelques traits de plume un dessin digne de Bixiou ou de Joseph Bridau. Au moment où je m'approchai de la table, autant que je l'osai, mais pas beaucoup, le jeune homme qui écrivait était Alphonse Karr. J'admirai ses beaux yeux, ses traits comme taillés par un statuaire irrité, mais où éclatait une bonté infinie, et sa bouche très rouge sur laquelle la petite moustache circonflexe était dessinée avec une fantaisie ironique. Oh ! cet album, je le regardais, comme un navigateur contemple les îles verdoyantes où il ne peut aborder, et le poète si ému, si tendre de *Sous les Tilleuls* me parut, lui qui avait le bonheur d'y écrire, éclairé en pleine gloire. Toutefois, et c'est surtout ce qui me frappa en lui, il avait déjà, comme il l'eut toujours, l'air infiniment modeste et même timide, qualités qui vont si bien avec la bravoure.

Cependant, — chacun est entraîné par la volupté qui est particulièrement sienne — plus j'étais ivre de bonheur, de joie, d'admiration, d'esprit savouré, de beauté contemplée, plus je sentais le désir profond, impérieux, féroce de fumer une cigarette, comme pour résumer à la fois toutes mes sensations dans une caresse exclusivement aimée. Fumer! sans doute, mais alors il fallait donc m'en aller, quitter ce paradis de la pensée, de la poésie, de la gloire, et je ne m'en sentais pas l'horrible courage. Mais enfin déchiré par une *soif* que tous les initiés comprendront, je tourmentais dans ma poche le cahier de papier à cigarettes; j'étais entré dans l'antichambre et je cherchais quelque solution impossible. O joie! ô surprise! ô bonheur inespéré! Je ne l'avais pas remarqué en arrivant, tant j'étais ému; pour entrer à la soirée de Victor Hugo, on ne sonnait pas, nul valet n'était là pour vous introduire, et sur le large escalier les portes restaient toutes grandes ouvertes. On pouvait à son gré entrer et sortir, et tout invité était en effet chez lui, dans cette royale maison où le luxe, l'hospitalité et les façons d'agir étaient d'une grandeur inimitable.

Donc, certain de pouvoir revenir si je le voulais, — et certes je le voulus, — je descendis sur la Place Royale. C'était une de ces délicieuses nuits d'été parisiennes où l'air semble avoir emprunté et absorbé les parfums des campagnes voisines. La fraîcheur était délicate et suave; elle caressait des souffles les plus doux mon jeune visage, que n'avait pas encore égratigné l'ongle féroce de la Vie. Le ciel d'un bleu intense était criblé et ruisselant d'étoiles, autour desquelles on voyait voler et rouler comme une poussière d'astres. Je regardais, en mon rêve éveillé, Marion rentrant chez elle, escortée par de jeunes seigneurs vêtus de satin, retroussant leur fine moustache, tandis qu'au lointain murmuraient avec une rhythmique précision des cliquetis d'épées. A d'autres moments, tout à coup, ce que j'évoquais, c'était le spectacle que je venais de voir à l'instant même, ces jeunes hommes de génie, ces femmes si belles, ces tas de fleurs heureuses d'être dans une maison digne d'elles; je sentais qu'une époque venait de naître où de nouveau il serait glorieux d'écrire de beaux vers, et entendant chanter dans ma tête les harmonieuses strophes du poète, caressé par le vent de l'été, baisé par le rayon des étoiles, je fumai ma chère cigarette !

Bien souvent, lorsque Victor Hugo, écrivant ses plus beaux poèmes, était en exil près de la mer grondante; plus tard, lorsque, pendant le siège, il était venu souffrir avec nous; plus tard, lorsque, grand patriarche, blanchi par la neige des ans, il nous montrait vivante la majesté de la gloire; oui, bien souvent, par un soir d'été, il m'est arrivé de m'arrêter sur la Place Royale, mais en voyant morne, éteinte et noire la maison de Marion Delorme, que j'avais admirée étincelante de tant de feux, je sentais un douloureux serrement de cœur, et pressant le pas, je me hâtais d'échapper aux magnificences du souvenir et aux éblouissements du rêve.

XXVI

LE DIVAN BLEU

A Claudius Popelin.

Je n'ai guère été homme du monde que dans une seule phase de ma vie. C'est au moment où j'avais vingt ans et où, à ce qu'il me semble, tout le monde les avait. Mais en ce temps-là, je donnais une fête tous les soirs, et mes invités, peu nombreux il est vrai, étaient de telle qualité qu'aujourd'hui n'importe quel roi très difficile s'en contenterait. Quant au mobilier, il se composait à peu près, et même tout à fait, d'un divan bleu en velours d'Utrecht. Mais il était d'un bleu délicieux, caressant, céleste, et on y était bien pour fumer et pour boire. C'était peu sans doute, mais c'était assez. En sa qualité d'homme d'ordre, esclave de ses livres, Jules Janin ne voulait pas que l'amour le plus extatique pût induire un célibataire dépourvu de valets à défaire son lit dans la journée. Aussi avait-il coutume de dire : Un divan est le premier meuble d'un jeune homme !

C'était là que venaient quelques amis, dont les plus fidèles, les invités à poste fixe, étaient Baudelaire, le chansonnier Pierre Dupont et un peintre nommé Emile Deroy, qui rêvait des Anglais, de Reynolds, de Lawrence, et qui, après avoir trouvé ces symphonies de couleur délicates et musicales dont, bien plus tard, ses successeurs eurent toute la gloire, mourut à l'âge de vingt-trois ans.

Si mon mobilier était exigu, en revanche, la chambre qui le renfermait était magnifiquement peinte et décorée. Cela tenait à une circonstance dont je puis conter l'historiette. J'habitais, rue Monsieur-le-Prince, dans une maison qui portait et qui porte encore le nom de Jean Goujon. On y voit, au-dessus de la grille d'entrée, le buste du grand artiste, accosté de deux panneaux, où sont représentés, en demi-relief, Apelle peignant une tête et Phidias achevant le buste de Jupiter. Une vaste cour, où l'herbe pousse et où on se croirait à cent lieues de Paris, sépare deux corps de bâtiments. Celui du fond est occupé par quatre immenses ateliers et par les appartements qui les complètent. On y arrive par une large porte ornée de deux colonnes en marbre rouge. Au contraire, celui de devant, qui regarde la rue Racine, est très peu élevé, pour laisser aux ateliers tout leur jour.

Parmi les artistes qui de mon temps habitaient la maison Jean Goujon, Raffet était assurément le plus illustre. Or, le dessinateur des batailles d'Afrique, du voyage en Crimée du prince Demidoff et de la prodigieuse *Revue Nocturne*, d'après le poème de Zedlitz, était à la fois voyageur par goût et souvent aussi casanier par nécessité ; car on ne peut pas toujours peindre des tableaux sur les grandes routes. Mais quand les exigences du travail l'enchaînaient à Paris, il se vengeait en voyageant sur place. Ceci demande une explication.

Raffet louait dans la maison Jean Goujon un atelier et un appartement, quelquefois deux, et comme il s'agissait dans sa pensée d'une installation définitive, destinée à durer autant que lui, il n'y mettait pas de vaine économie. Il faisait d'abord venir les maçons, démolissait des cloisons, des murs, et bouleversait tout. Après quoi il mandait les serruriers, les menuisiers les plus habiles, et, après eux, les meilleurs peintres décorateurs, chargés de peindre les boiseries. Une fois que tout était agencé selon sa volonté et sa très logique fantaisie, il se disait avec une apparence de raison : Puisque me voilà fixé ici pour toujours, arrangeons-nous pour ne pas perdre de temps. Et il se faisait apporter deux cents pierres lithographiques, pour économiser les minutes.

Mais à peine tout ce travail était-il terminé, que Raffet était pris d'une envie ardente, furieuse, exaspérée de déménager, et déménageait. Il louait, dans la même maison Jean Goujon, un autre atelier et un autre appartement, et convoquait de nouveau ses équipes d'ouvriers. C'est ainsi qu'il fit, à ses frais, réparer et mettre à neuf tous les appartements de la maison, et entre autres les deux modestes chambres où, sans avoir rien fait pour cela, mon divan bleu se trouva superbement logé. Et pourtant, si quelqu'un possédait des objets peu faciles à transporter, c'était lui.

Je n'ai jamais connu, ni rencontré, ni vu l'homme qui, en dessinant sur des pierres lithographiques de petite dimension, nous montre des batailles agissantes et vivantes, avec tous leurs soldats et toutes leurs masses d'hommes, et qui, sous ce titre : *Le colonel du 17ᵉ léger*, a dessiné, d'après le duc d'Aumale, un de ces portraits, vraies pages d'histoire, qui suffisaient à un Michelet pour reconstituer et deviner toute une époque. Car alors, nous autres jeunes gens, nous avions l'adoration, le respect et la terreur des grands hommes. Mais à un moment où Raffet était en voyage, le portier de la maison, nommé Bouquet, voulut bien me montrer l'atelier où il était chargé d'ouvrir de temps en temps les verrières, pour donner de l'air, et je pus alors admirer la troupe des merveilleux *petits mannequins*.

Figurez-vous, à pied ou à cheval, de petits soldats aux têtes parfaitement sculptées et peintes, et dont les uniformes et les armes, d'une fidélité absolue, étaient faits avec des matières réelles et sincères, en vrai drap, en vrai cuir, en vrai acier, en vrai fer, comme si chaque soldat était une personne naturelle. Les chevaux, vrais à s'écrier, avaient leur peau et leur poil, et on croyait qu'on allait les entendre hennir. On m'a dit que ces mannequins coûtaient quinze cents francs, et à coup sûr ils les valaient. Ce sont eux que Raffet faisait batailler à Anvers, à Rome, en Afrique et, s'ils avaient su parler, qu'ils auraient pu raconter de campagnes! J'imagine que seul au milieu de ces cavaliers si corrects, si bien montés et équipés, un Hoffmann n'aurait pas tardé à s'apercevoir qu'ils étaient en effet vivants, et que, s'ils ne parlaient pas, c'était parce qu'on ne doit pas parler sous les armes.

Les chefs-d'œuvre que Raffet a composés avec l'aide de ces modèles étonnants sont immortels, et sa manie de déménagement, qui ne nuisait à personne, fut on ne peut plus heureuse pour moi, puisqu'elle me permit d'occuper, sans aucune dépense extraordinaire, un appartement digne de mes hôtes. Je donnais donc là mes soirées, où tranquillement, dans un coin inconnu, on se grisait de chefs-d'œuvre. Baudelaire nous ravissait, en nous disant ses poésies de sa voix claire, musicale, si bien rhythmée, et ces vers, aujourd'hui célèbres sur toute la terre, étaient connus de nous seuls qui les savourions en égoïstes. Nous comprenions, nous sentions profondément que le poète de l'âme moderne était né, et qu'il en chantait les douleurs, les élégantes amours et les saines tristesses, de façon à n'être effacé jamais. Alors, dans tout l'éclat de la première jeunesse, le poète des futures *Fleurs du Mal* était extrêmement beau; ses larges yeux brillants, sa longue et épaisse chevelure, son nez hardi, ses lèvres rouges, sa fine et très légère barbe noire lui donnaient un aspect séduisant et original.

Pour nous, Parisiens qui n'avions jamais rien

vu, il avait le grand charme du voyageur, de l'homme qui a habité des pays étrangers et navigué sur des mers lointaines. Cette odeur du goudron et du flot marin qu'il a tant célébrée, on croyait la sentir en écoutant ses beaux vers, et on respirait aussi les parfums capiteux des arbustes odorants et des grandes fleurs. Baudelaire aimait déjà, chantait déjà cette belle et si grande fille de couleur qui fut l'amour et la maîtresse de toute sa vie. Riche, et dépensant beaucoup pour parer son idole et pour s'entourer de meubles amusants et précieux, il n'avait pas à s'inquiéter de l'argent. Mais ce dédain ne lui fut pas particulier. Pauvres et riches, nous le possédions tous, et nous regardions cela comme une question accessoire, entièrement dénuée d'intérêt.

Mais il y eut une chose que Baudelaire dédaigna encore plus que l'argent, c'est la gloire. Et cependant, après sa mort, il l'a obtenue plus solide, plus durable, plus universelle que ne l'aura eue aucun homme de ce temps ; ce n'est pas, du moins, pour l'avoir courtisée et pour lui avoir sacrifié quoi que ce soit. Sans espérer y parvenir, il essayait de satisfaire sa conscience artistique, son instinct raffiné du beau. Quant à travailler pour le suffrage universel, pour le jugement immédiat du plus grand nombre, la seule pensée d'un tel sacrilège lui eût fait horreur. Aussi la postérité, déjà venue pour lui, l'en a-t-elle largement récompensé ; car après la mort, deviennent et restent célèbres, non pas ceux qui ont désiré l'être, mais ceux qui ont mérité de l'être. C'en est fait alors de toutes les comédies et de tous les mensonges ; il s'agit de payer comptant, et ceux-là ne peuvent le faire qui ont sottement dépensé leur fortune en gros sous.

Son ami Emile Deroy, le peintre, chevelu, fort, portant sa tête expressive sur un cou robuste, semblait être né pour aimer et pour comprendre Baudelaire. Tous les deux, ils avaient la même recherche des harmonies savantes et délicates et la même haine des conventions grossières. Deroy demandait à la couleur d'exprimer l'âme, la pensée, l'au delà, la mystérieuse attitude de l'être intime ; il l'y décidait à force d'amour et de caresses. Entre autres chefs-d'œuvre, il a laissé un portrait de Baudelaire, où l'homme est vivant dans son habit noir, aussi caractérisé que celui de Gœthe, et aussi un grand portrait de notre autre ami Pierre Dupont. Celui-là, blond, rose, herculéen, composait alors ses premières chansons, et nous les chantait. Il venait d'arriver à Paris avec un appétit d'enfer ; car à Lyon, où il avait précédemment vécu, son parrain, curé, habitant à quelques lieues de la ville, l'attendait tous les samedis soir avec deux gigots rôtis. Et ces deux gigots, Dupont les mangeait, sans en laisser une miette. Il aurait pu, je crois, manger et boire toujours ; mais pour lui, ce n'était nullement un excès ; c'était le repas auquel il avait droit, et la prise de possession de sa part légitime.

Il pouvait aussi chanter sans s'arrêter jamais, et c'est ce qu'il faisait pour nous qui, décidément, savourions toutes les primeurs. Plus tard quand il fut devenu ambitieux, il annonça le projet de prendre tous les Français l'un après l'autre, et de régaler chacun d'eux d'un concert individuel. Il en est venu à bout, à très peu de choses près, et s'il n'y est pas arrivé entièrement, ce n'est pas sa faute. Ses cordes vocales étaient faites sans doute en quelque chose de plus résistant que l'acier, et il est certain qu'il ne les économisait pas. Nous ne nous lassions pas de les écouter, ces chansons où il y avait des arbres, des fleurs, de l'herbe, des animaux et tout ce qu'avait dédaigné jusqu'alors le mode classique. Pierre Dupont les disait avec une ardeur inouïe, avec le geste envolé, farouche, et en ouvrant toute grande sa bouche, qui avait l'air d'un gouffre rose. Parfois, dans les soirs brûlants de l'été, nous laissions ouverte la porte de la première chambre, donnant sur le carré. Alors les locataires, qui montaient ou descendaient l'escacalier, s'arrêtaient pour écouter le chansonnier. Mais cela ne l'intimidait nullement. On aurait pu convoquer tous les mortels vivants, sans diminuer en rien son assurance. Il ressemblait à un de ces grands fleuves au flot ruisselant, qui veulent bien rafraîchir le premier venu et donner à boire à tout le monde.

Un soir, une petite voisine, que je n'avais jamais eu l'occasion de voir, s'arrêta comme les autres et, après eux, resta toute seule devant la porte ouverte. Elle ne se lassait pas d'écouter les chansons. Nous l'invitâmes à entrer, elle le voulut bien et s'assit sur le divan bleu. Pierre Dupont recommença exprès pour elle des airs rustiques, et ensuite lui demanda si elle aussi ne voudrait pas chanter quelque chose. Lucette (elle se nommait ainsi) nous dit qu'élevée dans un couvent et l'ayant quitté depuis peu, elle ne savait que des airs religieux. Elle nous dit, en effet, d'une voix tout à fait jeune et charmante, *Inviolata*, *Ave maris stella*, et aussi l'effrayant et magnifique *Stabat*. Rien n'était beau comme cette musique vraie et large dans sa petite bouche, et particulièrement les paroles latines ravissaient Baudelaire qui a, comme on le sait, adressé une prose latine *A une modiste érudite et sentimentale*.

Nous demandâmes à Lucette si elle reviendrait. Elle nous dit qu'elle repartait le lendemain même pour sa province, où une de ses tantes la demandait. Habile à raccommoder la dentelle, elle était venue à Paris pour vivre de ce talent, s'il était possible. Mais elle était très timide et ne connaissait personne. En recevant la lettre de sa tante, elle avait donné congé, et tout de suite sa chambrette avait été louée par M. Raffet, qui voulait l'utiliser pour y mettre des débarras et de vieilles toiles.

XXVII

LA CAISSE A BOIS

A Emmanuel des Essarts.

Sous l'Empire, ayant quelque justice à réclamer en faveur d'un ami, j'attendais un jour dans un couloir de ministère, noir, mal éclairé par des becs de gaz très éloignés l'un de l'autre, encombré par le désordre de je ne sais quel déménagement. Dès que mes yeux se furent habitués à l'obscurité, je vis qu'un autre homme attendait comme moi : c'était Ingres, alors dans tout l'éclat de sa gloire, de son travail et de son génie. Dans ce corridor sinistre, assiégé et chassé par un tas de barricades absurdes, il s'était assis comme il avait pu, sur un mauvais siège tout à fait collé à une caisse ouverte que, pour le moment, remplissait une sorte d'hercule aux bras nus et velus. Déchargeant le crochet qu'il portait sur son dos, il jetait les morceaux de bois dans la caisse, avec le bruit et la brutalité de mille tonnerres.

Ce bois, en tombant dans la caisse vide et sonore, faisait le tumulte épouvantable d'un ouragan, d'une avalanche qui s'écroule, d'une armée en marche, du chariot de Capanée roulant sur le pont. Certes, si Ingres était là, ce n'était pas la faute du manœuvre, et il ne pouvait ranger les bois ailleurs que dans la caisse. Toutefois, cette opération, effectuée avec une ardeur farouche, faisait l'effet d'un supplice voulu et prémédité. On aurait dit que cet homme de pierre voulait écraser, emprisonner, ensevelir le grand homme dans l'obscurité, sous un amas de bûches. Il était comme ce Phtos de *La Légende des Siècles* que les Dieux avaient précipité dans les chaos et dans les ténèbres, sous le poids du mont Olympe. Je le regardai dans l'ombre noire. Avec sa tête impérieuse, insoumise, superbe, il ressemblait en effet à un Titan formidable, dont la figure aurait été sculptée par Michel-Ange. Comme à son ordinaire, sans préparation aucune, entamant le marbre par le haut, d'un grand coup de ciseau, Buonarotti aurait commencé par la tête, et comme le bloc de marbre se serait trouvé court et insuffisant, il aurait fait le torse encore proportionné et possible, mais les jambes décidément trop petites.

Comme je le compris, je me trouvais en présence d'un mythe; car, si la scène qui se passait sous mes yeux était parfaitement réelle, elle était en même temps, et au premier chef, symbolique. Nul n'oserait sérieusement le nier, pour un grand homme doué d'un immense génie, la vie n'est pas autre chose que l'attente dans un corridor noir, pendant laquelle, sous prétexte de caisse à bois, un tourmenteur lui jette sur les jambes une grande quantité de bûches. Mais Ingres, il faut bien l'avouer, en reçut plus que sa part et plus que tout le monde.

Mais aussi, auprès du sien, le crime des Titans était bien peu de chose. Crios, Hypérion, Japet et les autres avaient simplement voulu reprendre par la violence la souveraineté usurpée sur eux ; mais Ingres avait eu une bien autre prétention. Il avait été bien autrement hardi que Prométhée dérobant la flamme, car il s'était proposé ce problème surhumain et vertigineux : *d'apprendre à dessiner* et de savoir dessiner !

Dessiner, c'est-à-dire réaliser le plus inouï et le plus impossible des miracles ! Avec une ligne, chose purement chimérique, idéale et qui n'existe pas, avec un trait qui n'a ni épaisseur, ni forme, ni couleur, représenter les formes, le mouvement, la vie, la nature, les êtres en proie à leurs appétits et à leurs passions ! C'est en soi une merveille si difficile à produire, que beaucoup d'artistes ne l'essaient pas, ou, après l'avoir essayée, y renoncent, et au lieu de continuer à chercher le trait juste (infiniment plus rare que le merle blanc !) se résignent à le remplacer par des lieux communs aimables et conventionnels. Ingres, lui, n'y renonça jamais. Un jour, ayant un carton sous le bras, comme un écolier, il s'abandonnait à une colère furibonde, à la porte d'un musée qu'il avait trouvée fermée.

Un de ses anciens élèves l'aborde, et cherchant à le calmer :

— Oui, monsieur Ingres, dit-il, le musée est fermé pour des remaniements indispensables; mais qu'y vouliez-vous donc faire?

— *Apprendre à dessiner* ! dit le grand homme, avec sa naïveté de conquérant têtu ; car, en effet, il n'avait pas d'autre idée que celle-là et elle lui suffisait. A propos de lui, Baudelaire écrivait : *Cet admirateur rusé de Raphaël*. Mais, si le chef-d'œuvre absolu de l'art est un portrait vraiment beau, exprimant une personne, dans sa réalité, dans sa forme, dans son attitude, dans son âme, et créant à nouveau une créature, il n'est pas bien prouvé qu'Ingres ait été inférieur à Raphaël. C'est avec rien, avec une feuille de papier et un crayon de mine de plomb, quelquefois trop dur, qu'il a donné l'immortalité à des hommes vêtus d'habits engoncés, comme Gœthe, et à de jeunes femmes coiffées en coques et affublées de manches à gigots. Ces portraits à la mine de plomb sont des documents indiscutables, et ils sont aussi de la poésie, par la sincérité et l'intensité de l'exécution, qui font d'un individu quelconque un type universel.

Et ce qui fait leur étonnante gloire, c'est que plusieurs de ces chefs-d'œuvre ont été dessinés moyennant trente francs la pièce. Ingres disait avec orgueil que, pendant la plus grande partie de sa carrière, il avait gagné trente sous par jour, et c'était relativement vrai. Il avait connu toutes les pauvretés et, devant elles, ne se rendait pas plus que la garde impériale devant les canons et la fusillade. Bien souvent, il ne pouvait se procurer les échelles, les échafaudages nécessaires au peintre d'histoire, et les remplaçait en entassant des Pélions de chaises sur des Ossas de tables. Il tombait quelquefois, car décidément les morceaux de bois en voulaient à ses jambes. Mais il s'occupait bien de telles vétilles, lui qui, en 1848, tandis que les balles cassaient les vitres de son atelier, s'occupait à peindre La Naissance de Vénus, car il fut le seul homme réellement voué à l'actualité, c'est-à-dire aux conceptions qui seront toujours actuelles et éternelles !

Au fond, il faisait la même chose que Daumier et tous les grands improvisateurs ; il peignait un mouvement pendant que ce mouvement se produisait, et ainsi égalait et surpassait en vitesse la Vie elle-même. Jamais personne au monde ne travailla aussi vite que lui, et il ne lui fallait qu'une séance pour peindre un portrait parfaitement exact. Mais après l'avoir fait exact, il voulait encore qu'il fût vrai et, par conséquent, beau. Mais cela, c'est la lutte avec l'Ange, d'où l'on sort toujours avec les reins tout fourbus et les genoux brisés.

Oui, Ingres travaillait plus vite que tout le monde et plus lentement aussi ; car pour peindre un portrait il ne lui fallait qu'une séance, et cependant il lui fallait une année entière. Car chaque jour il peignait le portrait entier, le recommençant complètement, toujours sur la même toile, si bien qu'il y en avait trois cent soixante-cinq les uns par-dessus les autres. Mlle Rachel, ayant le pressentiment qu'elle mourrait jeune et sachant le prix des minutes, refusa catégoriquement d'être immortalisée ainsi. Malgré l'offre aimable du maître, elle trouva que le jeu n'en valait pas la chandelle, et cependant c'était un fier jeu ; revivre jeune, belle, charmante, inspirée, à travers les âges futurs ! Janin, lui, ne fut pas si dégoûté. Avoir le portrait de sa femme par Ingres était le plus cher de ses rêves. Il aurait voulu que son Eurydice fut arrachée à la mort et, ne pouvant accomplir lui-même ce prodige, puisqu'il n'était pas poète, il comptait pour cela sur le grand magicien Ingres. Et pour l'attendrir, pendant des années il le flatta et le loua, avec les meilleurs adjectifs et les plus éblouissantes métaphores. Cependant, et à cause de cela même, il n'obtint jamais l'image souhaitée. Car Ingres sentait instinctivement qu'en satisfaisant son admirateur, il tarirait la source des délicieuses louanges.

On connaît le portrait vivant, irrité, parlant, où, ses mains sur ses cuisses, les paumes en dehors, Armand Bertin dit à bout de patience : Ah çà ! mais, monsieur Ingres ! Car le fameux journaliste attendait depuis des mois, depuis des années, depuis toujours, le bon plaisir du peintre qui se bornait à venir dîner chez lui et à le regarder attentivement. Lorsqu'il s'impatienta enfin, comme cela est écrit, Ingres lui dit : A la bonne heure ; voilà ce que je voulais, et nous pouvons commencer.

Oui, comme il voulait avoir tout vu dans sa pensée avant de rien transcrire, on avait beaucoup de peine à obtenir qu'il commençât, et aussi qu'il finît, trouvant toujours quelque chose à reprendre et à corriger. Enfin, pour l'amour du beau, il détruisait sans regret, si admirable qu'il fût, un morceau qu'il jugeait inutile. Quel sujet de poème épique, Ingres et le duc de Luynes se battant presque à coups de bâton, et ayant raison tous les deux ! Parmi les grands panneaux que Ingres peignit dans la salle à manger du duc, il s'en trouva un où le peintre voulut effacer, raturer un groupe essentiellement beau en lui-même, mais, selon lui, nuisant à l'unité d'impression qu'il désirait produire. Le duc voulait garder ce chef-d'œuvre, fût-ce par la force. La salle à manger était à lui, le groupe aussi, puisqu'il le payait. Mais Ingres pensait tout le contraire, sans doute avec raison. Pour le moment, la chambre qu'il décorait n'était plus la la salle à manger du duc; c'était son atelier à lui Ingres, où il était chez lui et faisait ce qu'il voulait. Quant au groupe, il lui appartenait évidemment, comme toute partie d'un tableau non terminé et livré est la propriété incontestable de l'artiste. Salomon n'aurait pas été de trop pour juger un tel procès, où la raison était si peu d'accord avec la justice.

D'ailleurs, il faut bien l'avouer, Ingres ressemblait un peu à Cardillac, le joaillier d'Hoffmann. Il n'égorgeait pas précisément les gens à qui il avait vendu ses ouvrages, pour leur reprendre la marchandise; mais il préférait beaucoup la garder pour lui, ne pas la leur livrer.

Une des plus grandes dames de Paris avait obtenu que le maître voulût bien reproduire ses traits, et elle s'était résignée avec joie à la grosse dépense de temps et d'argent que nécessitait une telle entreprise. Il fallait accepter les heures de l'artiste, subir ses caprices; mais tout cela est peu de chose, quand il s'agit de vivre aussi longtemps qu'une fable de La Fontaine ou une ode d'Horace. La dame acceptait tout, par amour pour son propre visage qui était d'une merveilleuse beauté, mais aussi pour le plaisir de faire représenter par les pinceaux du grand homme une robe bleue dont elle était folle. Le visage parlait, souriait, vivait; la robe était bien de son bleu exquis et tendre. Un jour, la dame arrive, regarde son portrait, se voit en robe rouge et jette les hauts cris. Mais Ingres n'en voulut pas démordre; la robe bleue n'allait pas à son tableau, et que lui importait la grande dame, et tout le reste?

— Au fait, dit-il à son modèle, cela m'arrange on ne peut mieux, car j'avais envie de ce portrait et, au lieu de vous le donner pour votre argent, je me le donne à moi-même !

Et cela se comprend. Car cette vie arrachée au néant, cette flamme volée, cette création réalisée par la ligne idéale, représentait un tel effort de volonté et d'amour, que l'artiste s'en séparait comme s'il se fût agi d'un lambeau de son âme. Avec de tels procédés, on n'amasse pas de richesses et, vieux, illustre, au faîte des honneurs on s'expose à avoir encore besoin d'attendre dans un corridor de ministère, où un Auvergnat vous fait dégringoler des bûches sur les jambes.

Une chose très pareille arriva au peintre, avec un modèle de profession qui, au lieu d'être une grande dame, était une toute petite dame, enfant encore. Cette fillette avait toutes les beautés du corps, du visage, de la chevelure; des pieds et des mains de princesse. Ingres, qui avait souvent besoin d'elle, s'affligeait de la voir arriver avec des souliers d'où les doigts du pied sortaient, et avec un châle qui n'était qu'un trou. Apitoyé, dans les moments de quasi-repos, il peignait d'après elle, une étude, une figure nue, qu'il promit de lui donner, afin qu'elle pût la vendre et devenir relativement riche.

Le petit modèle attendit longtemps, bien longtemps, et des jours et des jours encore, et l'artiste l'accueillant avec une bonté qui ressemblait presque à de l'amitié, quelquefois elle se laissait aller à dire un mot de ses misères. Mais Ingres avait bientôt fait de la consoler.

— Qu'est-ce que ça te fait, disait-il, puisque tu auras l'étude !

Un jour, la fillette battit des mains, et s'écria avec la plus formidable joie. Elle avait reconnu ces derniers coups de pinceau qui étaient la fin, la suprême phrase, la conclusion synthétique de toute œuvre, grande ou petite, du maître.

— Ah ! dit-elle, cette fois, monsieur, elle est finie, l'étude !

— Oui, dit Ingres avec une férocité tranquille, elle est finie ; mais comme elle est trop bien, je la garde.

Quel beau cri d'égoïsme ! — Il va sans dire qu'Ingres indemnisa royalement le petit modèle, et lui donna une autre toile, qui valait plus d'argent encore que celle-là. Mais l'admiration pour la ligne pure n'en avait pas moins étouffé chez lui la pitié, et c'est une belle victoire. — On a raillé Ingres, parce qu'il jouait du violon ; quand même il n'a pas été de la force de Paganini, c'est pour moi une de ses gloires, et c'est en grande partie parce qu'il jouait du violon qu'il était peintre. En art, tout ce qui ne vient pas de la poésie, de la lyre d'Orphée et de la musique, ne vient de nulle part et, par conséquent, n'existe pas. Et Shakspeare a toujours raison quand il dit : Écoutons la musique !

XXVIII

LE DIABLE

A Abel Hermant.

— Parbleu ! dis-je, poussé par une inexplicable dépravation et par un caprice bizarre, dénué de toute raison d'être, je voudrais bien savoir à quoi le Diable pense dans ce moment-ci !

— Mais, me dit le Diable, il n'y a rien de plus facile !

Je le vis en effet, en face de moi, négligemment assis dans un grand fauteuil de tapisserie à personnages. Comme on peut s'y attendre, il offrait l'aspect d'un gentleman extrêmement correct. Seulement, son visage subissait parfois des déformations, comme celles du chromatrope. Souvent aussi ses jambes ou ses bras cessaient d'accuser un dessin raisonnable, et ressemblaient à ces vagues frottis que les artistes mettent par jeu sur la toile, en s'amusant à y essuyer leurs pinceaux. Mais si je m'apercevais de ces irrégularités, le visiteur aussitôt rougissait légèrement, et s'empressait de redevenir un monsieur convenable.

— Oui, fit le Diable, je vous dirai tout, car il faut bien l'avouer, j'ai l'incurable manie de raconter mes affaires, comme un roi de tragédie. Eh bien ! sachez-le donc, je suis extrêmement ennuyé. Voici le fait. Nous touchons à un moment important. Une très nombreuse série de mondes et d'univers, dont le vôtre fait partie, touche à sa fin, et va être liquidée très prochainement.

— Ah ! dis-je, comme un peu inquiet.

— Oui, reprit le Diable, très prochainement ; car en effet, que sont vingt ou trente milliards d'années ? Il y aura donc à ce sujet de grands remaniements, des promotions inévitables et, pourquoi vous le cacherais-je, monsieur ? je crains, oui, j'ai lieu de craindre que la race humaine (dont vous faites partie), ne me supplante, car elle est mon éternelle ennemie. Mais je dois reprendre les choses de plus haut...

Et comme je faisais un signe d'acquiescement, le Diable roula à la fois deux cigarettes qui, sur ses lèvres, s'allumèrent spontanément. Puis il reprit le fil de son discours.

— Monsieur, dit-il, lorsque le grand Ouvrier, Iaveh, — le bon Dieu, si vous voulez — eut modelé dans l'argile la figure de l'Homme, il s'applaudit de son ouvrage et l'admira. L'homme était beau, agile, fort, proportionné de la façon la plus rhythmique ; son harmonieuse voix était faite pour s'accorder à la musique des sphères ; sa pensée était rapide comme le vol d'un astre, et ses profondes prunelles réfléchissaient l'immensité des cieux.

Dès ce moment, oh! je n'en puis douter, car alors je sentis un douloureux pincement au cœur, Iaveh songea au moment futur où il ferait de l'Homme, ou un de ces Dieux inférieurs qui règnent sur les mondes nouveaux, ou un de ces Anges aux brillantes armures de diamant, dont les flottantes chevelures se mêlent avec celles des astres, et qui portent au loin les ordres de l'impérieuse Pensée. Mais déjà, rêvant ainsi de me dépouiller à son profit, de l'enrichir à mes dépens, Iaveh inspira à l'Homme le désir d'essayer si lui, créature, il possédait, dans une certaine mesure, la puissance créatrice.

Il faut bien que je le confesse, quelque humiliation que j'en aie ressentie, les coups d'essai de l'homme furent d'effrayants et vertigineux coups de maître. Avec cette frêle et simple fleur, l'Églantine, dont le vent éparpille par jeu les pétales, il fit la céleste, la magnifique et triomphale Rose ; et avec la femelle très convenable, il est vrai, mais sans rien de plus, que l'artisan des mondes lui avait donnée, il fit, inventa, imagina, créa de toutes pièces cet être plus éclatant et plus beau que la vermeille aurore : la Femme ! Certes, monsieur, je sais tout ce qu'il ne faut pas faire, et je ne vous décrirai assurément ni la Femme ni la Rose.

— Monsieur, dis-je avec une fermeté douce, je vous serai infiniment obligé de ne pas me les décrire !

— La Rose, dit le Diable, rassemble et serre ses pétales, pour réunir dans un même foyer une plus grande quantité de joie, de volupté, de caresses et de parfums. Elle a un regard, elle a un sourire, elle baise comme des lèvres, elle est vivante et chaste comme une chair irrémissiblement pure. Elle brûle le regard comme un brasier, elle le rafraîchit comme l'eau glacée d'une source, elle communique une délicieuse tendresse à son feuillage et à sa verdure. La Femme, elle, éveille l'impérieuse idée d'une divinité son corps, fier comme le Lys, a les gracieux envolements de l'Ode musicale, et la blancheur sidérale des astres. Ses pieds transparents sont forts pour marcher sur des fleurs de joie et de lumière, et la douceur de l'éther se baigne dans le ruissellement glorieux de sa chevelure.

— Oui, murmurai-je, sans impatience, on peut dire ces choses-là, si l'on veut, on peut aussi en dire d'autres.

— Quoi qu'il en soit, dit le Diable avec animation, au jour d'une liquidation qui, je vous le répète, me semble devoir être prochaine, si l'Homme se présente devant un Juge avec ses deux créations intactes, la Femme et la Rose, telles qu'elles sont et se comportent, l'affaire est dans le sac, Iaveh fera de lui, selon l'occasion, un Dieu ou un Ange, et moi, je continuerai à subir le poids de la vieille disgrâce. Ah! c'est ce que je ne veux permettre à aucun prix!

— Mais, dis-je alors, je ne vois pas du tout comment vous pourriez faire pour empêcher un événement qu'amènera nécessairement la logique des choses.

— Ah ! dit le Diable, parlons d'abord de la Rose ! Voilà des milliers d'années que je m'occupe à la déshonorer, à la disqualifier, à l'avilir, physiquement et moralement, à la rendre plus ignoble que le trognon de chou rejeté par les pieds des passants dans la fange du ruisseau ! C'est moi, et je m'en vante, qui ai inventé, imaginé, inspiré les crapuleuses et dégoûtantes comparaisons dont la Rose est un des termes désolés. Dans la poésie de mariages, de baptêmes, de mirlitons, la Rose, grâce à moi, a toujours été avachie et galvaudée. Je conseillais à voix basse ce vaudevilliste, par les soins duquel un jeune premier, offrant une Rose à une Femme, lui dit, et même lui chante, avec une impudence effrénée : *Je vous rends à vous-même !* J'ai, monsieur, tiré de mon sein, animé de mon propre génie ces écœurants olympes et ces fades paradis qui s'épanouissent sur les affiches des parfumeurs, vernies, satinées, gaufrées, relevées de dorures au cuivre, où des divinités à deux sous le tas folâtrent prétentieusement parmi des roses de pacotille, bêtes comme des oies ! Que n'ai-je pas fait ! J'ai suscité toutes les roses qui consistent dans une tache foncée autour de laquelle folâtrent de vagues paraphes, celles des dessinateurs pour étoffes, celles des porcelainiers, celles des jouets sans naïveté, enfin toutes les plus vilaines roses ! C'est grâce à mes suggestions que le très grand artiste Granville a dessiné l'image d'une Femme qui est en même temps une Rose ; image où, par conséquent, le torse et les seins de la Femme sont remplacés par une queue de fleur, entièrement verte, avec ses feuilles ! Monsieur, après ces délires, ces excès, ces orgies d'absurdité, j'avais lieu d'espérer que la Rose serait à jamais déshonorée, finie, impossible et que, sous aucun prétexte, elle n'oserait plus montrer le bout de son nez.

— Et, dis-je, elle ose encore le montrer.

— Parfaitement ! dit le Diable avec ravissement. Jamais, plus qu'à présent, elle ne fut inondée de splendeur et de gloire ; elle charme la rosée, la brise, les rayons, elle ravit les prunelles de tous les êtres, elle enchante l'air par son parfum délicieux ; enfin, avec tant d'intrigues et d'astuces, je ne suis nullement parvenu à lui nuire. Car si vous nommez seulement la Rose, toutes les saletés dont je suis l'ingénieux auteur disparaissent et il reste seulement l'attendrissement, l'éblouissement sacré. Voilà pourquoi vous me voyez réellement contrarié. La Femme, si je puis le dire, m'a donné encore plus de tablature. Si elle pouvait cesser d'être la divinité, la charmeresse invincible, la reine glorieuse dont l'Homme fut l'heureux, l'audacieux créateur ; si je pouvais obtenir que la capacité de son esprit se haussât à soigner le pot-au-feu, à recoudre des boutons de culotte, ou à torcher sans joie ses petits, j'aurais lieu de me frotter les mains ; mais il n'en va pas ainsi, et je me sens triste.

Monsieur, continua le Diable, la Femme n'est au courant de rien; elle ne sait rien de la lutte décisive qui, depuis si longtemps, dure entre moi et l'Homme; mais guidée par un instinct aussi impeccable que celui de l'éléphant et du tigre, elle ne fait pas une bêtise, ne commet pas une seule faute, et suit une ligne de conduite dont rien ne la fait dévier, sans savoir qu'elle la suit! Et imitant en cela l'Église, dont j'ai toujours admiré la merveilleuse persistance, ayant une fois reconnu qu'une chose est bonne, elle s'y tient, et rien ne l'en fait démordre. Mais, monsieur, voulez-vous que je vous explique la situation en deux mots, avec la simplicité et la netteté d'une formule? Que l'Homme, par d'effrayants sauts de puce, change et déplace sans cesse son Idéal, la femme y consent, le laisse faire, ne s'y oppose en aucune façon, à la condition expresse de rester, elle, Femme, la représentation et la figure vivante de cet Idéal. A l'époque où Thésée et Hercule égorgent les brigands et les monstres, elle est l'Amazone à la fulgurante armure qui, sur son cheval échevelé, combat dans la mêlée et montre au soleil ses bras sanglants...

— Mais, monsieur, dis-je au Diable, avec une crainte légitime, j'espère que nous n'allons pas ainsi passer en revue l'histoire universelle?

— Nullement, répondit le visiteur, et cependant, vous verriez que de Sémiramis et Nitocris, jusqu'à Mmes d'Espard et de Listomère, le mouvement a été le même et ne s'est nullement ralenti. Oui, suivant votre pensée à vous, la Femme a su être une vierge chaste et extasiée, une reine, une Chimène qui est le prix du combat, une dame en qui se résument l'élégance et l'esprit, enfin tout ce que vous avez inventé de beau. Que la femme ait toujours été l'expression de votre bravoure, de votre vertu et de votre génie, c'est ce qu'il est bien difficile de nier. Je l'ai tenté pourtant et j'ai voulu détourner les chiens; mais il y a pourtant deux livres qui me gênent absolument : c'est cette *Iliade*, où les vieillards, réunis au-dessus des portes Scées, et comme des cigales, envoyant une voix douce comme lys, disent en voyant Hélène s'avancer vers la tour : Elle ressemble terriblement pour le visage aux déesses immortelles ! et c'est cette *Divine Comédie* où Béatrix dit au poète : Car si ma beauté, qui brille d'un plus grand éclat, comme tu l'as vu, à mesure que l'on monte les degrés de ce palais éternel, ne se modérait pas, elle deviendrait si éblouissante que les forces mortelles seraient, sous ses rayons, comme une feuille brisée par le tonnerre.

Ah! continua le Diable, ne pourriez-vous m'aider en cette affaire, car souvent le premier venu trouve une idée? Homère a été renvoyé aux Quinze-Vingts, et comme l'a constaté le bon, l'éloquent Vallès, Dante n'était, au fond, qu'un huissier nommé Durand ! Je vous crois peu sensible à l'argent et aux honneurs; mais je pourrais vous offrir autre chose : par exemple, des rimes étonnantes, nouvelles, tout à fait extraordinaires.

— Mais, dis-je en riant de bon cœur, vous savez bien qu'il n'y en a pas ! Ce qu'il peut y avoir d'étonnant dans une rime, ce n'est pas une plus ou moins exacte parité de son entre deux mots qui doivent être accouplés ; c'est uniquement le rapport ingénieux et inattendu qu'on trouve entre ces deux mots ; mais c'est une appréciation qui demande beaucoup d'esprit.

— Peuh ! dit le Diable, avec une évidente politesse. — Et il disparut, en laissant sur le fauteuil en tapisserie, à la place qu'il avait occupée, un petit tas de cendre.

XXIX

LE VOYAGE

A Paul Bonnetain.

Mon cher ami, vaut-il mieux voyager, ou ne pas voyager? A nous deux nous possédons certainement les lumières nécessaires pour résoudre cette question compliquée. En effet, vous êtes toujours sur les rails brillants comme l'or, ou sur les flots tumultueux ; quand vous ne partez pas, vous arrivez ; sans cesse, vous vous élancez éperdument vers les cieux brûlés de flammes, jonchés de roses, vers les fleurs surnaturelles, vers les femmes qui ressemblent à des enfants et à des bêtes, et qui ont encore gardé un peu d'imprévu dans leur sourire. Moi, au contraire, je ne suis jamais allé nulle part ni revenu de nulle part, et je ne suis encore arrivé à connaître qu'un très petit nombre des rues de Paris.

Mais je vais vous mettre mon cœur à nu. Je suis extrêmement confiant ; les méchants disent crédule ; je crois tout ce qu'on me dit, et cela m'a aussi bien réussi que si toutes les paroles humaines m'avaient fait l'effet d'autant de mensonges. Eh bien ! les pieds posés sur les chenets, commodément assis dans mon fauteuil, depuis que j'ai pu avoir un fauteuil, j'ai lu les récits de presque tous les voyageurs depuis ce divin menteur d'Hérodote, jusqu'à vous. Or il y a un point sur lequel vous êtes tous exactement d'accord. C'est que le plus grand, le plus sérieux plaisir du voyage consiste à en être revenu.

Je ne suis pas entêté, je vous ai cru sur parole; et ce plaisir, tous les jours que Dieu fait, je le savoure du matin au soir. Je goûte l'immense joie de me figurer que j'arrive du Tonkin, ou d'Yédo, ou de l'Inde aux monuments découpés comme une dentelle, et de retrouver avec ravissement la terre bénie où les femmes savent marcher dans la boue sans se crotter, où tout le monde a de l'esprit, évite le lieu commun, parle rapidement, avec de prodigieuses ellipses ; où il y a des livres, des relieurs, où les biftecks ne sont pas faits comme en Italie, avec du veau, et où on peut passer tant d'heures délicieuses à regarder les estampes et les antiquités sur le quai Voltaire.

Cependant, je veux tâcher d'être juste et ne pas faire pencher empiriquement la balance, comme un marchand qui serait dépourvu de probité. Dans le voyage, il n'y a pas que le bonheur de revenir, il y a aussi le bonheur de partir, qui est immense. O extase ! sentir avec intensité qu'on est enfin délivré, qu'on s'évade, qu'on ne rencontrera plus les mêmes faces bêtes aux favoris désagréablement taillés, qu'on ne respirera plus l'air souillé par les vieilles haleines viciées et vicieuses, qu'on n'ira plus au Bois ni à la Comédie, ni dans le monde, et qu'on pourra mystérieusement contempler des étoiles nouvelles, non ternies par les vagues regards des imbéciles.

Oui, partir ! c'est la plus complète de toutes les félicités ; mais (il y a toujours un *mais*,) elle est surtout ressentie par ceux qui ne sont pas destinés à partir, et qui ne partiront pas. *Mon enfant, ma sœur, Songe à la douceur D'aller là-bas vivre ensemble* ! Aimer, s'écrie Baudelaire, dans cette *Invitation au Voyage* où il promet à la bien-aimée les ciels brumeux, la chambre aux riches plafonds, semée d'objets luxueux et rares, et les navires à l'humeur vagabonde, prêts à s'envoler pour obéir aux moindres caprices de la jeune reine ! Hélas ! qui ne le voit ? les amants ne partiront jamais, et le pays qui n'est qu'ordre et beauté serait trop parfait pour être jamais habité par des figures mortelles.

Et là, dans ce clair et pâle paysage au gazon ras, près de cette onde où flotte le vaisseau pavoisé que pousse le souffle des petits Désirs, vermeils comme de pâles roses, dans cette solitude enchantée où Wateau nous montre, pâles, jeunes, charmants, énamourés, profondément tristes, vêtus de soie et de satin, les pèlerins de *L'embarquement pour Cythère*, ne devinez-vous pas, qu'ils ne s'embarqueront jamais ? Ah !

s'ils pouvaient, restés unis, monter en effet sur la nef légère, sortir sains et saufs de l'inévitable tempête qui, fatalement, les submergera ; s'ils pouvaient aborder à l'île qui fut la gloire de la mer Egée, ils verraient que les rosiers et les myrtes sont morts, que Vénus elle-même est morte et que, parmi les débris de son temple renversé, blanchissent des ossements et se tordent de hideux nœuds de serpents. Mais cette désolation leur sera épargnée, et ils ne sauront jamais ce que Cythère est devenue, parce que, avant de partir, Silvandre, Myrtil, Lycas, Aminte, Eglé, Philis seront morts d'amour, d'alanguissement, de joie et de tristesse.

Pour moi, mon ami, je vous le répète, je ne suis jamais allé nulle part, parce que, dans les temps romantiques, auxquels j'appartenais, personne n'avait d'argent et n'en gagnait et n'avait aucun moyen de s'en procurer. Les peintres peignaient tout *de chic*, sans modèles et sans accessoires; et ne pouvant aller voir les pays, les poètes, par un audacieux effort, se les rappelaient, pour les avoir vus pendant les existences qu'ils avaient vécues antérieurement. C'est ainsi que Méry devina, ou se rappela l'Inde, de façon à stupéfier les voyageurs les plus authentiques par l'exactitude merveilleuse de ses descriptions. De même, on le sait, après l'avoir vue en cette vie mortelle, Théophile Gautier sut admirablement peindre Venise d'or et de rose, dans les douces pourpres de son ciel; mais il l'avait peinte mille fois mieux encore, avant de l'avoir vue (ou revue) car, sans doute, l'aspect brutal de la réalité récente troubla la vision de ville de rêve, qu'il avait adorée dans le temps où Arlequin et Polichinelle existaient encore, et où Narissa la folle, en ôtant son masque noir, apparaissait blanche comme un rayon de lune.

Pourtant, soyons justes ! on ne saurait aller trop loin pour voir un ton amusant et spirituel, ou pour trouver une métaphore non encore imaginée. Mais la question se pose à nouveau, plus impérieuse. Qui découvre ces enivrantes merveilles ? Est-ce l'homme qui court après la Fortune, ou l'homme qui l'attend dans son lit ? Qui, dans ses drames, fut plus grec et plus italien que le sédentaire Shakspeare ? Il connaît le ciel d'Athènes, sur lequel se découpent les images des Dieux, et la Rome turbulente de Coriolan, et lorsque vous marchez dans les nobles et silencieuses rues de Vérone, vous reconnaissez que le poète de *Roméo et Juliette* vous en a donné l'impression exacte.

Un autre génie, qui ne passa pas son temps à faire et à défaire des malles, fut Rembrandt, ce colosse, en qui nous devons adorer, non un grand peintre, non le plus grand des peintres, mais la Peinture elle-même, et qui ne sortit jamais de sa ville natale ! Cependant, il connut plus de choses qu'il n'est permis à des prunelles humaines d'en contempler jamais ; car lui seul a vu l'Ange fulgurant s'envoler dans un vivant rayon ; et lui seul aussi a vu le calme visage de Jésus plein d'une profonde et sereine pitié.

C'est par une imitation, outrecuidante sans doute, de ces maîtres (auxquels il faudrait plutôt ressembler par leurs beaux côtés) que, chez les romantiques, la mode consiste, comme je vous le disais, à demeurer immobile comme le colimaçon dans sa coquille. Mais la mode, si persuasive qu'elle soit, ne peut rien contre l'influence des étoiles, et deux des plus charmants romantiques, Gautier, dont je vous parlais tout à l'heure, et le doux Gérard de Nerval, étaient nés sous l'astre qui fait les Robinson Crusoé. Et tous deux, nés mille fois plus voyageurs que Robinson, ils adoptaient, sans nulle opposition, les mœurs, le costume, les opinions, et même les Dieux des pays qu'ils traversaient et qui devenaient les leurs.

A Constantinople, Gautier portait le fez et fréquentait les mosquées. Après avoir été bien priés par lui, les Dieux de l'Égypte ne le défendirent pas contre l'accident qui lui cassa un bras, malentendu qu'il ne comprit jamais Gérard, doux et naïf comme un enfant, était connu de tous les Dieux, ce qui le fit accuser de folie. D'ailleurs, pour se soumettre aux coutumes de ses hôtes, il se mariait généralement dans les contrées, sans pour cela vouloir du tout imiter la méchanceté de Don Juan.

Le grand peintre Eugène Fromentin coucha beaucoup de nuits sous la tente, dans le Sahara et dans le Sahel, qu'il sut aussi décrire en grand écrivain. Il a tout vu, tout entendu, tout noté, les ciels, le silence, les suaves gris caressants de l'atmosphère, et certes il a connu l'Orient, et il nous l'a donné, vivant et sincère, oui, mais Decamps aussi nous l'a donné, et savez-vous où il voyait surtout l'Orient? Dans les clairières sablonneuses de la forêt de Fontainebleau, et dans ses cirques entourés de roches. Là, il se couchait sur le ventre et, vu de près, le sable lui donnait l'impression du désert, et les tout petits brins d'herbe celle des palmiers. Il peignait ainsi d'après nature, sans que la nature pût même s'en douter, ce qui me paraît être le dernier mot de l'astuce.

D'ailleurs, pour conclure, je pense qu'à propos de voyage, comme à propos de toutes les autres choses, il ne faut pas faire le malin et dire : Fontaine, je boirai, ou je ne boirai pas de ton eau. Dans la préface de son premier volume, Théophile Gautier déclarait nettement qu'il n'écrirait jamais d'autre livre et que, détestant la locomotion, il ne quitterait pas le coin de son feu et son chat favori. Ce qui ne l'empêcha pas de voyager dans le monde entier, et de se faire faire en Espagne un habit rutilant, avec un pot de fleurs dans le dos.

Comme Otfried Muller nia la divinité solaire d'Apollon et fut tué par un coup de soleil, de même, lorsqu'on construisit le chemin de fer de Saint-Germain, M. Thiers déclara que jusqu'à Saint-Germain cela se pouvait, mais que, sous aucun prétexte, un chemin de fer plus long ne pourrait fonctionner. Et cependant, les rails, les wagons, les locomotives sont encore las d'avoir tous vu son chapeau gris, lorsqu'il voyagea pour libérer le territoire.

Quoi ! mourir sans avoir rien vu ? Quelle démence ! Mais l'éther est plein d'univers, de mondes, de troupes d'astres que le Rhythme entraîne ; et après ces mondes, d'autres, d'autres et d'autres encore ; et quand on aura vu un tout petit bout de cette terre déplorablement exiguë, voilà-t-il pas une belle avance !

XXX

LE CIEL

*A ma femme
Élisabeth de Banville.*

Prisonnier volontaire de Paris pendant presque toute ma vie, c'est depuis quelques années seulement que je passe les étés à la campagne. Aussi m'arrive-t-il fatalement ce qui arrive aux Parisiens indélébiles, renseignés et trompés sur toute chose par les livres, par les tableaux et par la peinture des décorateurs, avant d'avoir vu la nature. En face du paysage varié, immense et charmant, j'évoque mes théâtres, dont le souvenir, d'ailleurs, ne m'a jamais quitté, et je me demande s'ils ressemblent à ce que j'ai sous les yeux. Eh bien ! non, ils ne ressemblent pas. Nos peintres ont, sans doute, beaucoup de talent; mais ils ont, je crois, oublié le point principal, et il me semble que, dans la plantation des décors, tout est à corriger et à recommencer.

En effet, dans les merveilleuses toiles qu'ils brossent pour les opéras et les mélodrames, les arbres, les maisons, les ruisseaux, les fleurs (les roses trémières surtout !) sont le principal, et les ciels rapetissés, écourtés, ne tenant pas d'espace, sont là en quelque sorte par-dessus le marché, et comme si on avait pleuré pour les avoir. Dans la nature, c'est absolument le contraire. Le Ciel est vaste, immense, infini, démesuré avec tout. C'est lui qui tient tout, et lui seul existe. C'est lui le spectacle, le personnage principal et tout le drame. Sous ce vaste déploiement de vie, ce frissonnement de lumière, les champs, les forêts, les buissons, les lacs et les rivières jetés là comme des étoffes d'argent et des rubans d'argent, les maisons, les animaux, les hommes ne sont que des accessoires très petits et d'un médiocre intérêt.

Le Ciel est tout, et seul reste divin ; car la main de l'Homme peut anéantir, tourmenter, torturer, transfigurer tout le reste ; mais le Ciel, non. L'Homme, Prométhée toujours en révolte, peut percer les monts, exhausser les plaines, arracher les forêts comme des brins d'herbe, émietter les roches avec la dynamite, endiguer les torrents, tarir les fleuves, creuser des canaux qu'il gouverne, répandre dans les flots l'huile qui apaise la colère de l'Océan ; mais il n'a aucun moyen de contrarier le Ciel, et d'en faire disparaître la moindre parcelle. C'est en vain aussi qu'il voudrait établir entre les choses terrestres et l'immensité aérienne une proportion raisonnable ; cela ne se peut, et ce qui est à nous sera et restera toujours petit comme nous.

Nos batailles ne sont terribles, nos fêtes ne sont splendides, nos cataclysmes ne sont effrayants que si on se force à ne pas regarder le Ciel. Car dans ses plaines d'or, de fer, d'azur, de soufre, de pourpre enflammée, se heurtent des combats de Dieux, se dressent des villes de lumière, s'écroulent des cavernes de pierreries dans des fleuves de cuivre en fusion ; mais si le Ciel est vertigineusement varié, amusant, inouï, fantastique, triomphal, effrayant, caressant, mystérieux et tragique, il est surtout — très grand.

Oui, nos peintres semblent ignorer cela quand ils bâtissent et équipent leurs décors, et, il faut bien l'avouer, ils ne sont pas loin d'avoir raison. Car ils travaillent pour des Parisiens, et à Paris, du moins pendant le jour, il y a des monuments, des maisons, des foules qui se pressent, des voitures, des chevaux, des marches de soldats, une nuée de femmes, un fourmillement dont l'intensité dépasse et anéantit toute hyperbole ; mais au-dessus de ce moutonnement de pierres et d'êtres, il n'y a rien. Le Ciel se dit avec un suprême bon sens qu'il n'a aucun motif sérieux de déployer des splendeurs pour des gens épouvantablement occupés, qui tous cherchent de l'argent, même et surtout lorsqu'ils en trouvent, qui n'ont jamais le temps de lever les yeux et qui, même s'ils vivaient mille ans, ne l'auraient encore pas.

Plus tard, c'est autre chose. Quand la douce, la bienfaisante Nuit a ouvert ses larges ailes, le

Ciel clair ou sombre, profondément bleu, éclaboussé d'astres et d'étoiles, ou adouci par les blanches clartés de lune, revient se déployer au-dessus de la Ville, dont les respirations, les murmures et les sanglots montent jusqu'à lui, et dans son calme grandiose, il l'écoute veiller, penser, dormir, méditer les rêves, qui deviendront des actions et changeront la face du monde. Alors, la cité des travaux et des génies est devenue noire, épaisse, incommensurable; elle est la prodigieuse forêt de pierre, pleine d'êtres, de monstres, de fourmillantes vies; et dans le Ciel qui plane sur elle, il semble qu'une divinité particulière à Paris chante sur un immense rhythme sa gloire, ses souffrances, son héroïsme et les extases de son légitime orgueil.

Il est infini, ce Ciel, profondément azuré comme notre espoir, ou noir comme l'inconnu d'où jaillira la vivifiante lumière, ou assiégé de nuages tumultueux comme nos pensées créatrices, beau à contempler, comme le Ciel qu'on voit dans les forêts d'arbres ou sur la vaste mer. Et ce Ciel attentif, ému, frémissant de toute la vie qui sous son regard respire et sommeille est le plus magnifique de tous les spectacles. Aussi, ceux qui s'étaient habitués à l'admirer et à l'adorer ne voulaient-ils plus, après, en voir d'autres.

Ce sont les êtres raffinés, étranges, avides d'émotion et de splendeur qu'on appelait autrefois les Noctambules.

Oui, autrefois, car, à présent, il n'y en a plus, et je pense qu'il n'y en aura plus jamais.

Pour comprendre, rappelons-nous que le Paris de Balzac est aussi loin de nous, enfoncé dans le passé de l'Histoire, que la guerre de Troie et le ravissement d'Hélène. Le poète de *La Comédie Humaine* parlait déjà beaucoup de l'Argent, avec une idolâtrie enfantine et avec une horreur superstitieuse; cependant, de son temps, l'Argent n'était encore rien puisqu'il n'était pas tout, et beaucoup d'êtres humains, dédaigneux du métal monnoyé, vivaient pour tel ou tel idéal, purement immatériel. Nous avons changé tout cela. Certes, il y a encore des hommes et des femmes qui, la nuit, ne sont pas couchés; mais s'ils vont à des festins ou à des amours, c'est pour donner ou recevoir de l'argent; s'ils marchent devant eux, en combinant des œuvres futures, c'est qu'ils pensent à l'argent qu'elles rapporteront; et quoi de plus juste? Aujourd'hui, ce qu'on n'a pas sans argent, ce n'est pas seulement un Suisse; c'est aussi toutes les autres personnes et toutes les autres choses. Personne ne sait plus vivre de l'air du temps, ni aimer des femmes chimériques, ni imaginer des tableaux ou des poèmes qu'on pouvait exécuter sans aucune dépense, mais qui étaient invinciblement destinés à ne pas être vendus. Toujours un invisible Iago nous crie à l'oreille : Surtout, songez à l'argent! N'oubliez pas l'argent! Et comment l'oublierions-nous? Quand la journée aurait cent fois plus d'heures qu'elle n'en contient, il nous faudrait encore les employer toutes à des choses utiles. Il n'en allait pas ainsi pour les artistes et pour les rêveurs des temps évanouis. Beaucoup d'entre eux n'allaient pas chercher un argent qu'ils n'auraient pas trouvé, et n'ayant pas d'argent, ils n'en portaient nulle part.

Il y a eu alors des Noctambules, qui regardaient et adoraient la Ville comme une maîtresse endormie, et c'était leur joie, leur volupté et leur ravissement de marcher en contemplant le Ciel parisien, et d'en jouir comme d'une chose qui leur appartenait en propre. Ils étaient seuls, et se réjouissaient de la solitude; ils n'avaient pas envie de se reposer et ne se reposaient pas; ils emplissaient leurs prunelles de l'incommensurable azur, et marchaient toujours, ne connaissaient pas la fatigue.

Il y eut parfois de délicieuses et immatérielles amours entre un homme et une femme, vivant dans la même obscurité, dans les mêmes brises, ne songeant pas aux baisers et mêlant leurs regards, caressés par les mêmes étoiles. Si plusieurs Noctambules qui se connaissaient se rencontraient par hasard, il n'était pas impossible qu'ils entrassent dans quelque cabaret de nuit, pour manger et boire; mais il fallait que ce fût chez un cabaretier désintéressé comme un solitaire dans la Thébaïde, et qui vendît le repas d'un homme pas plus cher que celui d'un oiseau. J'ai encore pu connaître quelques-uns des derniers Noctambules, et je me rappelle avec enchantement la triomphale douceur de leurs âmes innocentes.

Parmi ceux-là, le plus charmant, le plus aimable, le plus poète fut certainement ce doux Gérard de Nerval, qui marchait dans les rues de Paris pendant des nuits entières, faisant des lieues et des lieues et des lieues encore et s'enivrant, se grisant, se saoulant du Ciel, qu'il voyait tel qu'il est, et tel que les aveugles mortels ne le voient pas. Voyageur, Gérard avait vu tous les pays, toutes les contrées, tous les paysages, et toujours il revenait à son Ciel de Paris, plus divers, plus inattendu, plus varié que les autres. Il avait aimé des femmes ingénues et bizarres, et il retrouvait dans notre firmament leurs regards et leurs sourires. Il avait fait toutes les besognes littéraires, il avait étudié les religions, parlé avec les mages, connu tous les Dieux, et rien ne l'amusait tant que de marcher à travers les places, les ruelles populaires, les rues étroites, avec l'éther frémissant au-dessus de sa tête. Il était à l'Arc-de-Triomphe, et après, sur le boulevard extérieur, et après, dans le bois de Vincennes; il possédait tout ce Paris qu'il emplissait de ses souvenirs et de ses rêves. Quoiqu'il fût excellent poète, et que la poésie demande plus de combinaison et de bon sens que tout autre travail, il a pu, à certains moments, passer pour fou, et non sans motif; car, en effet, il était tout à fait exempt de ce sauvage égoïsme et de cet appétit du lucre qui constituent la raison humaine.

Tout le monde sait que Gérard, ce poète exquis, fut un matin trouvé pendu dans une ruelle souterraine, la rue de la Vieille-Lanterne située près de l'Hôtel-de-Ville, et dans laquelle on descendait par des marches de pierre. Il ne s'était pas tué lui-même ; car pourquoi se serait-il tué, lui qui savait lire dans le Ciel parisien où tout est écrit, et qui, lorsqu'il le voulait, s'en allait dans l'Infini, emporté sur les ailes des Anges ? Certes il ne fut pas étranglé par des voleurs, puisqu'il n'avait jamais d'argent. Mais plutôt, quelque diable jaloux, sachant que la simplicité d'esprit devine tout et perce tous les voiles, pendit le bon Gérard, pour se débarrasser d'un témoin importun.

Un autre pauvre, Achille Ricourt, passait les nuits à réciter au Ciel de Paris et aux autres Noctambules, ses confrères, s'il en rencontrait, des poèmes de Victor Hugo et, notamment, *Napoléon II*. Un autre, Pierre Dupont, qui alors, arrivant à Paris, avait, comme Henri Heine, une tête d'Apollon et de Christ, à chevelure blonde, le jour, regardait, étudiait, et écoutait la vie, la nuit, se promenait en composant ses chansons et en les criant vers le Ciel. Le plus pauvre de tous, Privat d'Anglemont, avait une tête grecque avec de longs cheveux crépus. S'il a laissé sur le Paris inconnu, ses livres si précis et si curieux, c'est qu'il ne prenait pas de notes, vivait pour vivre, et, ensuite, se rappelait. Né aux colonies, il avait vu les cieux de saphir, et il préférait le Ciel de Paris, si spirituel ! Car il y a des cieux bêtes, notamment ceux des villes d'eaux, où tant d'âmes vagues et quelconques, imparfaitement coloriées, ont fini par déteindre sur la nature !

TABLE

		Pages.
I.	Prologue	1
II.	Deburau et les Funambules	11
III.	Papillon	46
IV.	La mère Japhet	54
V.	Leçon de Feuilleton	63
VI.	Quai Voltaire	72
VII.	Premières Rencontres	81
VIII.	Lire Balzac	90
IX.	Le Témoin	99
X.	Le Perruquier	106
XI.	Saraman	117
XII.	Pour les Femmes	124
XIII.	Vieux Paris	133
XIV.	L'Habitué	140
XV.	La Richesse	148
XVI.	Magny	157
XVII.	Le Café	173
XVIII.	La Rue	181
XIX.	Aveugles	190
XX.	Le Diamant	198
XXI.	Tantale	207
XXII.	Les Vieilles	216
XXIII.	Statues	225
XXIV.	Cigarettes	233
XXV.	Place Royale	241
XXVI.	Le Divan bleu	249
XXVII.	La Caisse à bois	258
XXVIII.	Le Diable	268
XXIX.	Le Voyage	277
XXX.	Le Ciel	285

www.ingramcontent.com/pod-product-compliance
Lightning Source LLC
Chambersburg PA
CBHW070738170426
43200CB00007B/571